108
ROCK STAR GUITARS

LISA S. JOHNSON
FOREWORD BY LES PAUL

Guitar magazine · Rittor Music

WHY 108?
神秘の数字108

何世紀も前からずっと、108は神聖な数字だった。ヨガの概念にも関連がある上、（ヒンズー教や仏教の）善い行いにまつわる話にはつきものの数字であり、古代遺跡（ストーンヘンジのサーセン・サークルの直径は108フィート）から古典文学（ホメーロスの「オデュッセイア」のペネロペに求婚した男性は108人）まで、ありとあらゆるところに登場する。この数字の歴史を紐解き、いかに昔から様々な分野に頻繁に現れる数字なのかを知れば知るほど、各々の事象が単なる偶然ではないことがおわかりいただけるだろう。以下に代表的な事例を挙げてみよう。

地球から太陽までの距離は太陽の直径の108倍だ。地球から月までの距離は月の直径の108倍だ。太陽の直径は地球の直径の108倍だ。

108（1と0と8）の合計は9で、数秘術では終わりと始まり—変化—の象徴である。

占星術では12宮を使う。惑星は冥王星を含めて全部で9つある。9×12は108だ。

シュリ・ヤントラとは——ヒンズー教と仏教の双方に伝わる創造の象徴で、オーム（聖音）の波動で描かれるとされている曼荼羅だが——この神聖幾何学図形（本ページの背景）には、エネルギー線が交差する54のポイントがある。各々の交点には男性と女性…シバ神とシャクティが共に宿る。54×2は108だ。私たちのエネルギーの源であるチャクラはエネルギー線の交点であり、合計108のエネルギー線が集まって心臓のチャクラを形成していると言われている。

ヨガに深く関わる私は、この写真集に掲載するアーティスト数を108とした。それよりいい数字は考えられなかった。100や101といった一般的な選択肢はここまで神秘的な力を発揮しない。されどいろいろな意味において、私が108という数字を選んだのではなく、数字のほうが私を選んだというのが正しいだろう。この数字は私が信念を曲げないように日々見守りながら、プロジェクトの完成まで私を癒し導いてくれた。私は神から授かった数字だと信じている。だからこそ、この本に掲載された楽器が奏でる音楽は、私の聴覚にとって神聖なものなのだ。

ナマステ

FOREWORD
序文〜レス・ポールより

THE GIRL WHO MAKES GUITAR ART.
ギターをアートにする女性

　リサ・ジョンソンが、私が出演するニューヨークのイリディウム・ルームの馴染みの顔となり、演奏後に楽屋でエレクトリック・ギターの話や、ロックンロールに影響を与え続けるプレイヤーの話に花を咲かせるようになってから、かれこれ10年は経つだろうか。彼女が豊富に蓄えたギターの歴史の知識や、楽器に対するアーティスティックな物の見方は、毎回私に感銘を与えてくれた。彼女から『108 ROCK STAR GUITARS』の序文を書いてくれないかという打診を受けた私は、その光栄なオファーを快諾した。

　リサが私やバンドのメンバーのギターを初めて撮ってくれた白黒写真は印象深かった。私にとってあの頃の彼女はまだ"ギター・アートと称する写真を撮っている女の子"に過ぎず、ほとんど無名だった彼女はどこからも注目されることなくこのプロジェクトを進行させていた。知り合って間もなかった頃の彼女の作品は驚くほど想像力を刺激するものだったが、私はまさか彼女が将来的にこのように壮大で感動的なコレクションの集大成を本にするとは思ってもみなかった——しかも掲載されているのは私がこれまでに見たこともないような写真ばかりだ。

　彼女は自力でどうにか手を尽くして、多くの著名ギタリストたちの楽器を撮影する機会を掴み取った。しかも、彼女は私のギターまで掲載してくれた。とても誇りに思う。このテーマに賭けたリサの情熱が、この素晴らしい写真集のすべてのページから溢れている。世界中のギター・ファンが『108 ROCK STAR GUITARS』にリサが注ぎ込んだ熱意を称賛し、私と同じように存分に楽しんでくれることを願ってやまない。

LES PAUL 2009

FEATURING THE GUITARS OF

26	ACE FREHLEY エース・フレーリー（KISS）		66	DUSTY HILL ダスティ・ヒル（ZZトップ）
130	ADRIAN BELEW エイドリアン・ブリュー		18	ERIC CLAPTON エリック・クラプトン
42	ALEX LIFESON アレックス・ライフソン（ラッシュ）		152	ERIC JOHNSON エリック・ジョンソン
367	ANN WILSON アン・ウィルソン（ハート）		128	GARY ROSSINGTON ゲイリー・ロッシントン（レーナード・スキナード）
362	BEN HARPER ベン・ハーパー		38	GEDDY LEE ゲディー・リー（ラッシュ）
60	BILLY GIBBONS ビリー・ギボンズ（ZZトップ）		150	GEORGE LYNCH ジョージ・リンチ（ドッケン）
368	BONNIE RAITT ボニー・レイット		306	GERRY BECKLEY ジェリー・ベックリー（アメリカ）
286	BRIAN "ROBBO" ROBERTSON ブライアン"ロボ"ロバートソン（シン・リジィ）		140	GLENN TIPTON グレン・ティプトン（ジューダス・プリースト）
348	BRIAN MAY ブライアン・メイ（クイーン）		372	HUTCH HUTCHINSON ハッチ・ハッチンソン
132	BRIAN SETZER ブライアン・セッツァー		74	IAN ANDERSON イアン・アンダーソン（ジェスロ・タル）
230	BRUCE SPRINGSTEEN ブルース・スプリングスティーン		166	IAN HUNTER イアン・ハンター（モット・ザ・フープル）
36	CARLOS SANTANA カルロス・サンタナ		12	JACK WHITE ジャック・ホワイト
138	CHRIS DREJA クリス・ドレヤ（ヤードバーズ）		192	JAMES "J.Y." YOUNG ジェームス・ヤング（スティクス）
328	CHRISSIE HYNDE クリッシー・ハインド（プリテンダーズ）		196	JEFF "SKUNK" BAXTER ジェフ・バクスター
294	COLONEL BRUCE HAMPTON カーネル・ブルース・ハンプトン		8	JEFF BECK ジェフ・ベック
168	DAVE MASON デイヴ・メイスン（トラフィック）		322	JERRY ONLY ジェリー・オンリー（ミスフィッツ）
156	DAVE MUSTAINE デイヴ・ムステイン（メガデス）		172	JIMMY PAGE ジミー・ペイジ（レッド・ツェッペリン）
292	DAVE NAVARRO デイヴ・ナヴァロ（ジェーンズ・アディクション）		200	JOE BONAMASSA ジョー・ボナマッサ
78	DAVID GOODIER デイヴィッド・グッドアー（ジェスロ・タル）		92	JOE SATRIANI ジョー・サトリアーニ
162	DEAN DeLEO ディーン・デレオ（ストーン・テンプル・パイロッツ）		202	JOE WALSH ジョー・ウォルシュ（イーグルス）
302	DEREK TRUCKS デレク・トラックス		320	JOHN HIATT ジョン・ハイアット
307	DEWEY BUNNELL デューイ・バネル（アメリカ）		86	JOHN MELLENCAMP ジョン・メレンキャンプ
298	DICKEY BETTS ディッキー・ベッツ（オールマン・ブラザーズ・バンド）		186	JOHN PETRUCCI ジョン・ペトルーシ（ドリーム・シアター）
206	DON FELDER ドン・フェルダー（イーグルス）		210	JOHN THOMAS GRIFFITH ジョン・トーマス・グリフィス（カウボーイ・マウス）
332	DON WILSON ドン・ウィルソン（ベンチャーズ）		378	JONNY LANG ジョニー・ラング

352	JOHNNY RZEZNIK ジョン・レズニック(グー・グー・ドールズ)	254	RICHIE KOTZEN リッチー・コッツェン
344	JOHNNY WINTER ジョニー・ウィンター	244	RICK DERRINGER リック・デリンジャー
182	JORMA KAUKONEN ヨーマ・コーコネン(ジェファーソン・エアプレイン)	46	RICK NIELSEN リック・ニールセン(チープ・トリック)
144	K.K. DOWNING K.K.ダウニング(ジューダス・プリースト)	258	ROBBIE ROBERTSON ロビー・ロバートソン(ザ・バンド)
52	KEITH RICHARDS キース・リチャーズ(ローリング・ストーンズ)	178	ROBBY KRIEGER ロビー・クリーガー(ドアーズ)
318	KEITH STRICKLAND キース・ストリックランド(THE B-52S)	356	ROBBY TAKAC ロビー・テイキャック(グー・グー・ドールズ)
108	KIM THAYIL キム・セイル(サウンドガーデン)	262	ROGER WATERS ロジャー・ウォーターズ(ピンク・フロイド)
212	LEMMY KILMISTER レミー・キルミスター(モーターヘッド)	56	RONNIE WOOD ロン・ウッド(ローリング・ストーンズ)
386	LES PAUL レス・ポール	284	SCOTT GORHAM スコット・ゴーハム(シン・リジィ)
374	LOU REED ルー・リード	316	SCOTTI HILL スコッティ・ヒル(スキッド・ロウ)
218	MARK FARNER マーク・ファーナー(グランド・ファンク・レイルロード)	282	SHERYL CROW シェリル・クロウ
76	MARTIN BARRE マーティン・バリー	98	SLASH スラッシュ(ガンズ&ローゼズ)
224	MICHAEL SCHENKER マイケル・シェンカー	304	STEVE EARLE スティーヴ・アール
32	MICHAEL WILTON マイケル・ウィルトン(クイーンズライク)	170	STEVE HOWE スティーヴ・ハウ(イエス)
80	MICK BOX ミック・ボックス(ユーライア・ヒープ)	308	STEVE LUKATHER スティーヴ・ルカサー(TOTO)
220	MICK JONES ミック・ジョーンズ(フォリナー)	278	STEVE MILLER スティーヴ・ミラー
240	MICK RONSON ミック・ロンソン	90	STEVE MORSE スティーヴ・モーズ
358	MONTE PITTMAN モンティ・ピットマン	118	STEVE VAI スティーヴ・ヴァイ
364	NANCY WILSON ナンシー・ウィルソン(ハート)	102	SUGIZO スギゾー(LUNA SEA)
236	NILS LOFGREN ニルス・ロフグレン	266	TED NUGENT テッド・ニュージェント
338	NOKIE EDWARDS ノーキー・エドワーズ(ベンチャーズ)	272	TOM MORELLO トム・モレロ(レイジ・アゲインスト・ザ・マシーン)
300	OTEIL BURBRIDGE オテイル・バーブリッジ(オールマン・ブラザーズ・バンド)	382	TOM SCHOLZ トム・ショルツ(ボストン)
312	PETER FRAMPTON ピーター・フランプトン	188	TOMMY SHAW トミー・ショウ(スティクス)
216	PHIL CAMPBELL フィル・キャンベル(モーターヘッド)	242	TREVOR BOLDER トレバー・ボルダー(ユーライア・ヒープ)
68	PHIL COLLEN フィル・コリン(デフ・レパード)	288	WARREN DEMARTINI ウォーレン・デ・マルティーニ(ラット)
246	PORL THOMPSON パール・トンプソン(キュアー)	296	WARREN HAYNES ウォーレン・ヘインズ(オールマン・ブラザーズ・バンド)
250	RANDY BACHMAN ランディ・バックマン	82	WAYNE KRAMER ウェイン・クレイマー(MC5)
252	REEVES GABRELS リーヴス・ゲイブレルス(キュアー)	326	WILLIE NELSON ウィリー・ネルソン
114	RICHARD THOMPSON リチャード・トンプソン	122	ZAKK WYLDE ザック・ワイルド

INTRODUCTION
はじめに

NOTHING MOVES ME LIKE THE SOUND OF A GUITAR.
ギターのサウンドほど私に感銘を与えるものはほかにない。

心臓がバクバクして、胃がムズムズして、身体が震えて、涙が出ることもよくある。優れたギター・ソロが耳に入ってくると、私はオーガズムに近い感覚——いわゆる "オーラルガズム（好きな曲を聴いたときなどに聴覚がもたらす強い幸福感）"に達する。もはやニルヴァーナ（涅槃）、悟りの境地である。

コンサートでギタリストがソロに没頭し——自分の楽器というコミュニケーション・ツールから我を忘れてメロディーを奏でるシーンに遭遇すると——私の心はその場に居合わせた幸運に舞い上がる。情熱的な恋に身を投じた人は、不満や不安をも内包した高揚感の中に安らぎを得るものだと思う。私にとって、マーティンやギブソンやフェンダーの官能的な曲線は、女性の身体を連想させることだけにはとどまらない。ウキウキするような感動が波のように押し寄せては——私をリスナーとして、目撃者として——さらなる高みへ連れていってくれる。

ギターソロとは普遍的な魂の言語であり、スピリチュアルな意思疎通の主軸である。

私が15年の歳月をかけ、愛情を込めて作り上げたこの本には、華やかな音楽雑誌や楽器メーカーのウェブサイトに掲載されているような一般的なギターの写真はない。私が情熱を傾けたのは、楽器についた傷がいかに楽器の持ち主の人間性を表しているのか、あるいは、演奏者である本人の手によって個性的な装飾が施された楽器がどのような主張をしてくるのか、そういった点を描き出すことだった。

掲載写真の撮影は、光がほとんどない、時にはまったくない狭いスペースの片隅で敢行したものもあり、そういった場合には私が絶大なる信頼を置くコダックの高感度カラー赤外線フィルムや、T-MAX P3200フィルムの使用を余儀なくされた。そのとき私が頼ったのはデジタル写真が一般的になる前にコダックが製造した最後のフィルムの一群だったはずだ。『108 ROCK STAR GUITARS』に対しては様々な捉え方があると想定されるが、カメラや写真の業界が徐々にデジタル形式に移行していった過渡期におけるゆるやかな年代記という見方もそのひとつなのかもしれない。以後は私も優れ物のコダック・フィルムから卒業し、もっぱらデジタル・カメラを使った撮影に専念することとなった。

私がどれだけレス・ポール（ギタリスト）に助けられたかは計り知れない。ニューヨーク・シティのイリディウム・ジャズ・クラブで数えきれないほどの月曜日の夜を共に過ごし、彼の音楽と会話を楽しませてもらった。私は彼と知り合えたことをとても誇りに思う…そして今後も誇らしげに彼のことをインスピレーションの源と呼ばせていただく。私はイリディウムのレスのもとを訪れた最後の夜のことをいつまでも忘れない。私は11年前にギブソン・レコーディング・ギターを撮らせてもらった頃から自分がどれだけ進歩したかを彼に見せたくて、何枚もの写真を持参した。

　"君が作っているこの本は、若い人たちのギターの購買意欲をそそるんじゃないかな"。写真を見ながら彼はそう言った。"君の目線の画像を見たら、彼らも自分のギターをカスタマイズしたいと思うだろうね"。

　レスからの最高の賛辞だった…私の写真が

きっかけでギターを手に取る人がいるかもしれないという嬉しい言葉を、あれだけ多くの人々をインスパイアしたレスから贈られたのだ。

　レスはミュージシャンの育成にも熱心だった。イリディウム・ショーに新顔のギタリストやホルン奏者がたまたま居合わせたときには、いつも彼らをステージに招いて1曲演奏に参加させた。しかし、ギブソン・レス・ポールの愛用者ではないギタリストにとっては厄介な相手でもあった。彼らは容赦なく揶揄されてしまった。レスの教育志向に敬意を表して、私はこの本の売上収益の10％をレス・ポール財団に寄付する。

　『108 ROCK STAR GUITARS』は私の世界に、そして皆さんの世界に、ほんの束の間でも平和と愛と奇跡をもたらしてくれたミュージシャンたちを讃える写真集だ。

お楽しみあれ！

THIS BOOK IS DEDICATED TO:

　この本を、カナダの素晴らしいミュージシャンでマルチ・インストゥルメンタリストである私の父、Garry Laverne Charles Joseph Johnsonに捧げる。あなたが音楽の聴き方を教えてくれたお陰で音楽のインスピレーションに満ちた人生になったことに感謝する。

　そして今は亡きレス・ポール（1915年6月9日－2009年8月13日）、私たちをエレクトリック化してくれてありがとう。早い時期から私の仕事を支持してくれたあなたに心より感謝する。

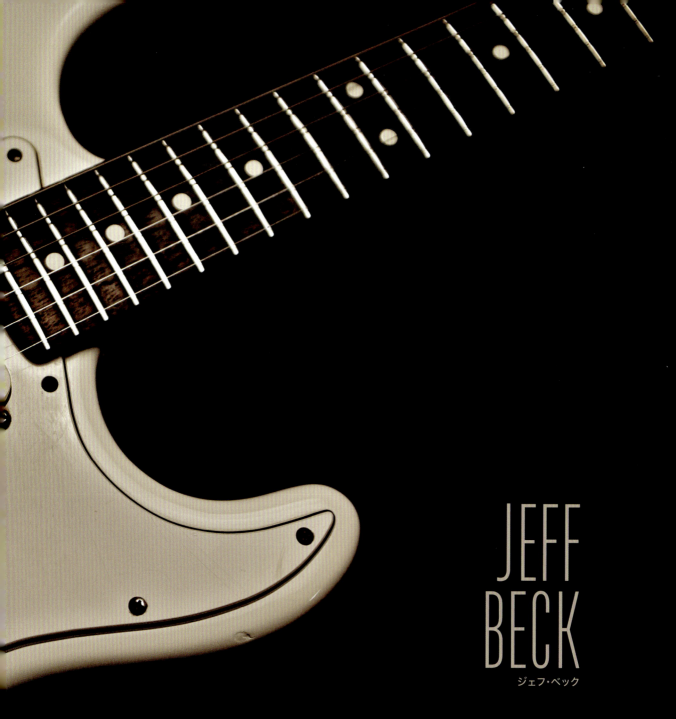

JEFF BECK
ジェフ・ベック

FENDER STRATOCASTER — "FRANKENSTRAT"

Photographed: Fox Theater, Pomona CA
April 8, 2011
Guitar Tech: Steve Prior

WORTH THE WAIT
待てば海路の日和あり

2003年7月、B.B.キング・ブルース・フェスティバルに出演者として名を連ねた全ギタリストの楽器を撮影する目的で会場入りした私だが、ジェフ・ベックのギターの撮影許可だけは取り付けることができていなかった。

それでも可能であればジェフのお気に入りのストラトの写真を撮りたいと願っていた私は、マンダレイ・ベイ（ラスベガスのカジノホテル）のバック・ステージ到着後にジェフのプロダクション・マネージャーに名刺を手渡したが、彼はいついかなる状況においてもジェフのギターの撮影許可は下りないと改めて私に告げた。

時は流れて8年後、カリフォルニア州ポモナのフォックス・シアターで辛抱強く3時間待った私は、ようやくジェフ・ベック愛用の"フランケンストラト"との対面を許された。1995年製の標準仕様のボディにボルトで固定されているのは、フェンダー工場での内部使用を目的として1993年頃に製造されたネックだ。このように様々なフェンダーの部品の寄せ集めで作られたギターゆえに、この呼び名がついた。ヘッドにシリアル・ナンバー「04」が刻印されたネックは、フェンダーから贈呈されたものだ。ネックの裏側を蛇行するように長いひびが入っているが、ジェフの演奏を聴けば誰もが納得するように、ギターはまったく問題なく機能している。

ナッシュヴィルのサード・マン・レコーズは、ちょっとほかにはないタイプの社屋となっている。
クールなグッズを取り揃えたショップが出迎える建物内には、本格的なフォト・スタジオや暗室もあれば、
アナログのレコーディング卓を装備したライブ会場も併設されている。どこかノスタルジックであると同時に先進的でもあるこの施設は、
ジャック・ホワイトがホワイト・ストライプス時代に人気に火をつけたギターを撮影するにはこの上ない環境だった。
世代を代表するギタリストが愛した楽器を相手に充実した時間を過ごした私は、
到着時よりも遥かに満たされた気持ちでTMR（サード・マン・レコーズ）を後にした。

AIRLINE GUITAR

PHOTOGRAPHED: Third Man Records, Nashville
October 14, 2009

ヴァルコ社が製造したエアライン・ギターはモンゴメリー・ワードの流通網で販売された。ジャックのギターは1963〜1964年頃の製品だ。彼はポール・フランクのストラップを付けてプレイしていた。

ERIC
CLAPTON

エリック・クラプトン

1970s GIBSON LES PAUL RECORDING MODEL
(PAGE 18)

レス・ポールからの贈り物。
$40,000(約430万円)で落札された。
"To Eric, My man! — '96, Les Paul."と書かれている。

1960s SILVERTONE GUITAR

これもレス・ポールからの贈り物(写真上)。
$24,000(約260万円)で落札された。
"To Eric, Without a doubt a great player.
Your friend, Les Paul. 10-3-94
(エリック、紛うことなき偉大なプレイヤーへ。
君の友人、レス・ポール。1994年10月3日)"と記されている。

PHOTOGRAPHED: Christie's, New York City
June 23, 1999

IT TAKES AN EVOLVED MAN TO LET GO

愛器を手放すという試練

　世界中で愛されるブルースマンは、幼い息子を亡くした後、長期に渡る薬物やアルコール乱用を克服すると、迷わず行動に出た。

　1999年、エリック・クラプトンはニューヨークのクリスティ ーズのオークションに105本もの自前のギターを出品した。同イベントは一度に落札されたギターの数で世界記録を樹立

し、そこで上がった500万ドル（約5億4千万円）の収益は、エリックがアンティグア島にクロスローズ・センターという薬物のリハビリ施設を設立するための資金となった。

　これを境に、エリックの105本のギターは世界中のコレクターの手に渡り、それぞれが珍重される逸品となって今日に至っている。

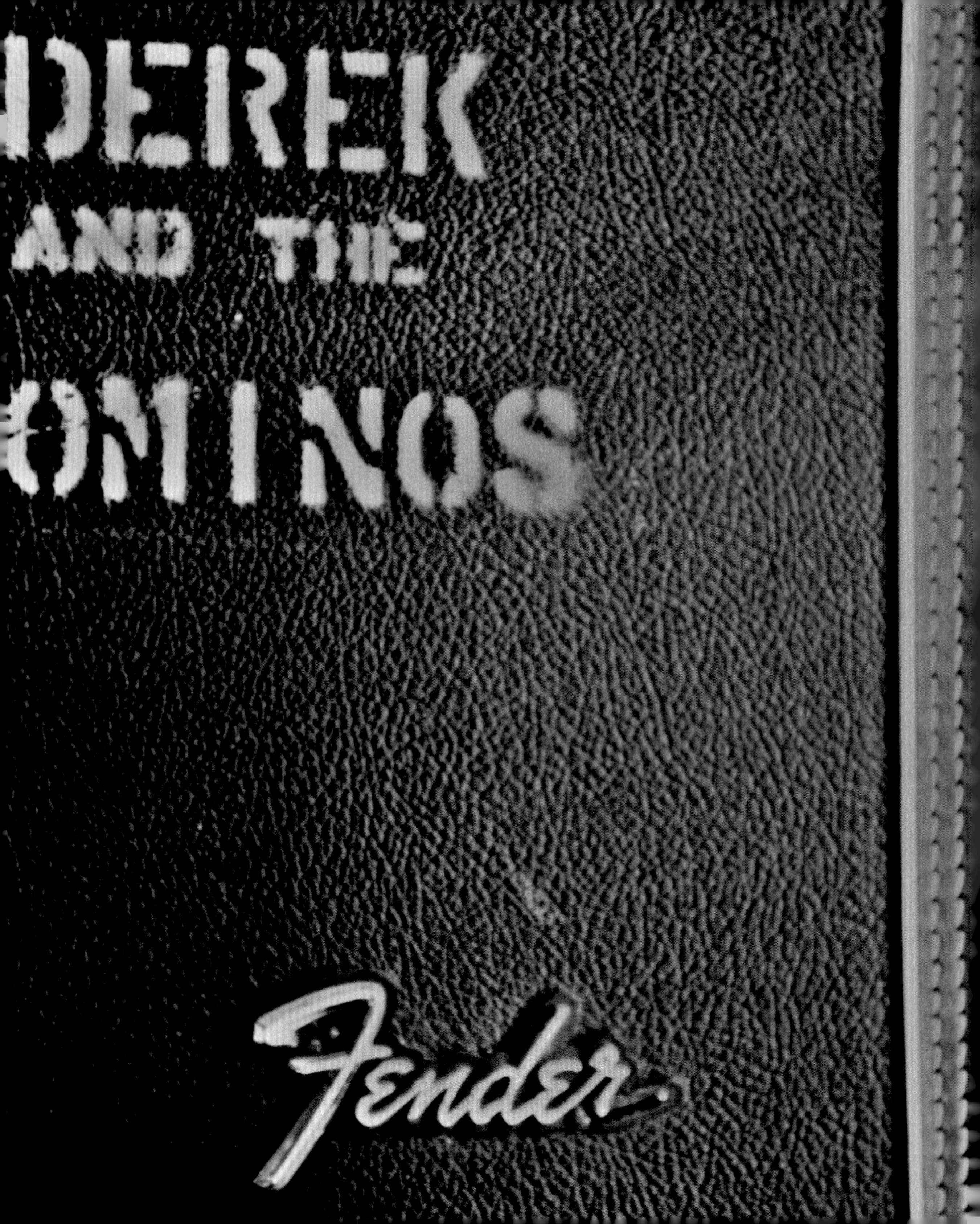

DEREK
AND THE
DOMINOS

Fender

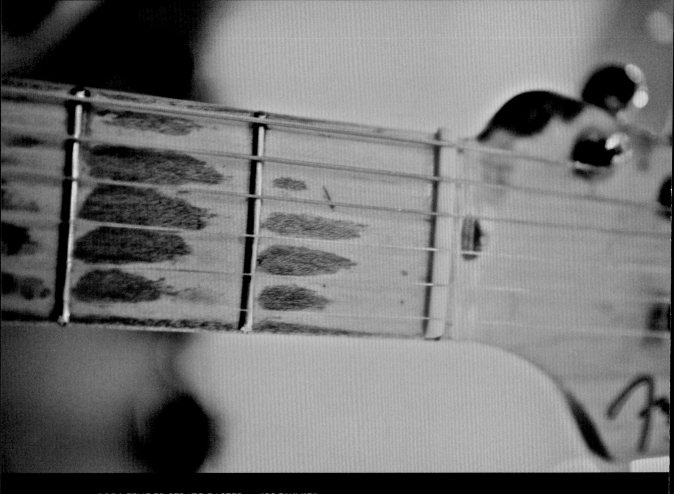

1956 FENDER STRATOCASTER — "BROWNIE"

1967年に£150（約2万円）でこのストラトを購入したエリックは、彼の代表曲のひとつである「愛しのレイラ」のレコーディングに使用した。1999年、"ブラウニー" はニューヨーク・シティのクリスティーズのオークションで＄450,000（約5千万円）で落札された。

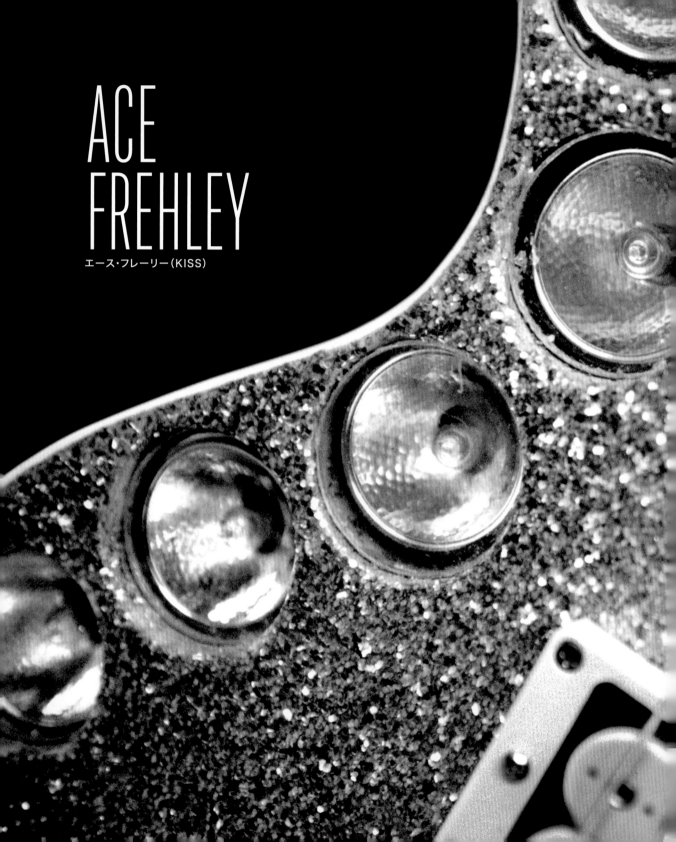

ACE FREHLEY
エース・フレーリー（KISS）

私は、マンダレイ・ベイで落ち合ったエース・フレーリーのギター・テクに案内された。積み重なるツアー用の機材のハード・ケースの
隙間を縫うように歩いたステージ裏の通路は、スキッド・ロウとテッド・ニュージェントがKISSをサポートするという、
千載一遇の壮大なショーに備えるスタッフの緊張感に満ちていた。彼はステージの近くの仕切りの中に、
落ち着いてギターの調整に取り組むための小スペースを確保していた。私のお目当ては、そんなギター職人の
臨時の工房の中にあった。彼はエースのとびきりのギター3本を私に公開すると共に、各々の秘密も明かしてくれた。

PHOTOGRAPHED: Mandalay Bay, Las Vegas
March 17, 2000 - The Kiss Farewell Tour
GUITAR TECH: Larry Kromer

MODIFIED GIBSON LES PAUL
— "LIGHT GUITAR"

KISSで「ニューヨーク・グルーヴ」をプレイするとき、エースはこの
個性的なレス・ポールを使うことが多い。これは非凡な才能を持つ
ルシアー/ギター・テクのスティーヴ・カー（2006年没）が作ったギ
ターである。

1998 GIBSON LES PAUL SIGNATURE GUITAR

世界中のKISSファンにお馴染みの愛称…"スペース・エース"の芸術性に富んだ肖像が彩るこのギターのヘッドの裏のプレートには、エースのサイン（＝シグネチャー）が刻まれている。フランキー・ギブソンがエースのために作ったスカルの指輪がつけたボディ表面の傷跡が、長年の使用を物語る。

1998 GIBSON LES PAUL — "SMOKER"

発煙弾を仕込むためのスペシャルなキャビティを備えたこのギターは、時

MICHAEL WILTON

マイケル・ウィルトン（クイーンズライク）

9つの蛍光スカルを配置したマイケルのシグネチャー・モデル……始まりと終わりを意味する
数字の9は、誕生から死、そして生まれ変わりへの継続的なサイクル……言い換えるなら変容のシンボルである。
マイケルのギター・プレイは絶えず遷移しながら、そのリフで聴く者を魅了する。

2009 ESP MW-600 CUSTOM SIGNATURE MODEL — "SKULL GUITAR"

PHOTOGRAPHED: Winter NAMM Convention, Anaheim CA
January 15, 2011

1988年からマイケルが愛用しているMW-600スカル・ギター。名前の由来は言うまでもない。ドロップ-Dも可能なフロイド・ローズ・トレモロを特徴とする。

"黒のラッカー液に浮かぶスカル"

MICHAEL WILTON

CARLOS SANTANA

カルロス・サンタナ

PAUL REED SMITH — CARLOS SANTANA MODEL

PHOTOGRAPHED: Grammy Museum, Los Angeles
November 3, 2009
GUITAR TECH: Ed Adair

多彩なゲストを交えたコンセプト・アルバム『スーパーナチュラル』のレコーディングと、同アルバムをサポートするコンサート・ツアーで幅広く使用された。ギターのヘッドには、鷲のアイコンの美しいインレイがあり、インドのオーム（聖音）のシンボルがトラスロッド・カバーを飾る。バック・プレートにはカルロスのサインが刻まれている。

GEDDY LEE
ゲディー・リー（ラッシュ）

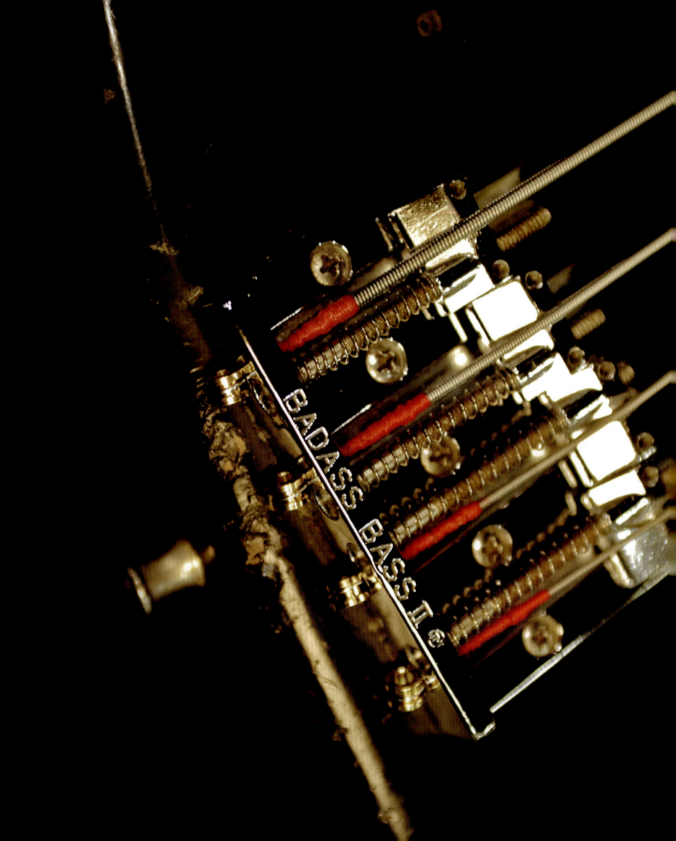

1972 FENDER JAZZ BASS

PHOTOGRAPHED: MGM Garden Arena, Las Vegas
July 28, 2007
GUITAR TECH: Russ Ryan

ゲディは70年代半ばにミシガン州カラマズーの質屋でこのベースを購入して以来、すべてのラッシュのアルバムで使用してきた。彼が天然木の感触を好むという理由から、ネックのラッカー・コーティングはすべて紙やすりで削り取られている。

ALEX LIFESON

アレックス・ライフソン（ラッシュ）

PHOTOGRAPHED: MGM Garden Arena, Las Vegas
July 28, 2007
GUITAR TECH: Bob "Bucky" Huck

1976 GIBSON ES-355
— ALEX LIFESON SIGNATURE GUITAR
(PAGES 42、45)

2007 CUSTOM GIBSON LES PAUL — "AL"

ギブソンのカスタム・ショップ製のこのギターを基に、アレックス・ライフソン・シグネチャーとなるレス・ポール・アクセス・ギターが作られることになった。メイプル・トップのサンバースト・フィニッシュと、フロイド・ローズ・トレモロ・システムと、真珠層のインレイを特徴とする。この写真を撮影した時点では、アレックスがこのギターを手に入れてからまだ2週間しか経過していなかったのだが、心からこのギターに惚れ込んだ彼は、このモデルに自分の名を与えた。

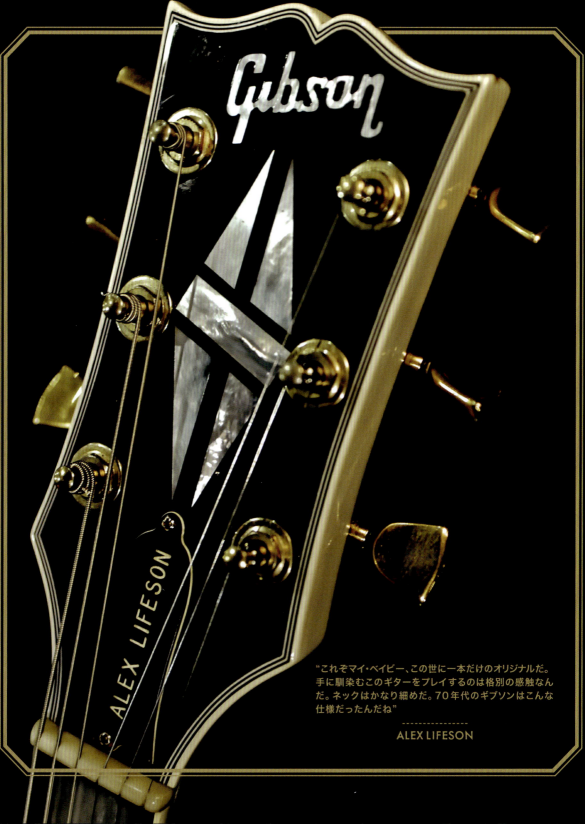

"これぞマイ・ベイビー、この世に一本だけのオリジナルだ。手に馴染むこのギターをプレイするのは格別の感触なんだ。ネックはかなり細めだ。70年代のギブソンはこんな仕様だったんだね"

ALEX LIFESON

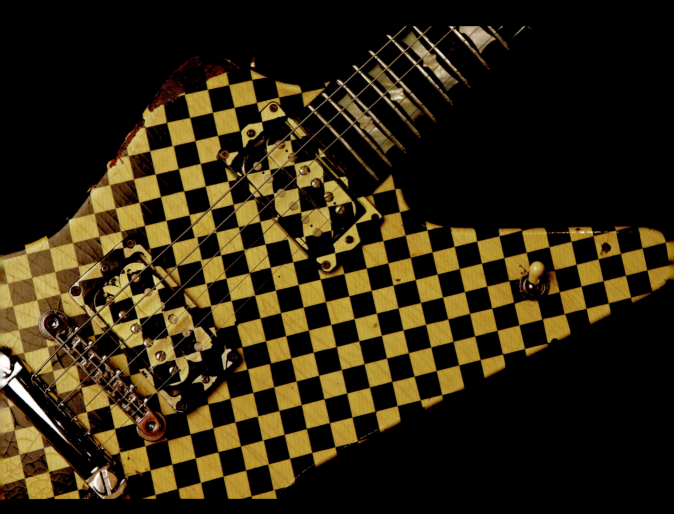

リックのギターの写真を撮らせて欲しいという私の初めてのオファーを、彼の事務所は"No"というワン・ワードで一蹴した。そこからしばらく後に、私は"ロックンロール・シェフ"として名を馳せた故ケリー・サイモン主催のラスベガスのパーティーでリックと会う機会を得た。私がマネージメント・サイドの素っ気ない対応についてリックに直訴すると、彼は笑って"そんなスタッフはクビにしてやる！"と言ってくれた。だから、再度彼のギターを撮影したいという要望を出したときの私にはそれ相応の自信があった。ところが事務所側の回答はまたしても"No"だった。だがそのとき私が先方へ送った電子メールの中には、明らかに"Nielsen"のスペルを間違えた箇所があった。その件の謝罪も含めて、果敢にも3度目のオファーに打って出た私を、事務所の誰かが憐れんでくれたのか──はたまた不屈の精神に対して折れてくれたのか──ともかく私は切望していた"Yes!"の回答をついに勝ち取った。そこから難なく撮影を重ねた私は、リックが最も大切にしているギターや有名なギターをここで紹介できることとなった。

RICK NIELSEN

リック・ニールセン（チープ・トリック）

PHOTOGRAPHED: Las Vegas May 5, 2011
GUITAR TECH: Paul Karoutos

HAMER — "ENOLA"

チープ・トリックのリード・ギタリスト、リック・ニールセンが所有する1978年製のカスタム・メイドのチェッカーボード・ヘイマー・スタンダード。"ドリーム・ポリス・ギター"という愛称で親しまれている。

FENDER TELECASTER — "RICK OF DIAMONDS"

ベガスでの撮影にこれほどお似合いのギターもない。レズリー・ウォレスによって施されたクリスタル・ガラス細工が美しい。

1958 GIBSON LES PAUL

リックのギターにはどれも同様に、ブリッジ・ピックアップの上の
ボディ表面に"マーキング"がある。 ギターのピックガードには
削れた傷こそないが、顕著な汗染みがあるのがおわかりだろうか。

1979/1980 HAMER — "UNCLE DICK"

ツアーでこのギターを使い始めた当初、リックはここに描かれたアンクル・ディックとお揃いのセーターを着用してステージに立っていた。演奏の合間、チューニングや弦の交換のためにギター・テクのポール・カルートスにギターを投げ返すリックの習慣が災いし、アンクル・ディックは右肘付近に傷を負った……ダブル・ネックはそう簡単にキャッチできるものではない。

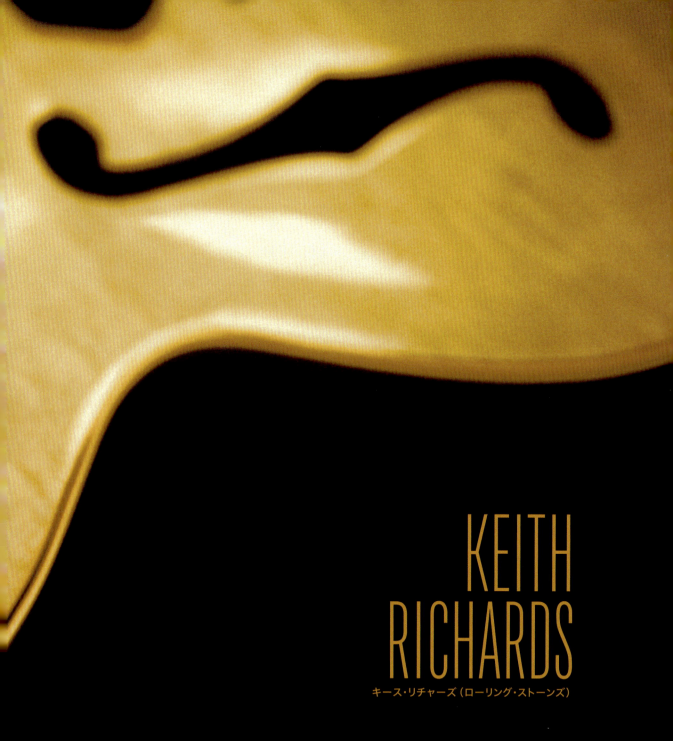

KEITH RICHARDS

キース・リチャーズ（ローリング・ストーンズ）

THE STORY GOES, TO CAPTURE
THE GUITARS OF THE ROLLING STONES

ローリング・ストーンズのギターの撮影が実現するまでの物語

友人のジム・ベスマンの紹介で、私はキース・リチャーズのギター・テク、ピエール・デ・ビューポートの仕事仲間である広報担当のボブ・マーリスと連絡を取ることになった。電話の向こうでいぶかしげに、私への審査めいた会話を長々と——それとなく楽しく——展開したボブは、ピエールに電話をして自己紹介をするよう私に提案してくれた。そこから何度も電話で語り合う過程で、ピエールは私から相当量の個人情報を収集したが、結果としてはそれが撮影可否の決め手となった。私がカナダ育ちでアンノウン・ヒンソンのファンだったと聞いて、彼は私がキースやロン・ウッドの楽器の写真を撮るに値する人物だと判断してくれたそうだ。そうとなれば、本来はピエールやもう一人のギター・テクであるジョニー・スターバックが相手となるはずが、なぜか私のストーンズの窓口となってくれたのは、チャーリー・ワッツのドラム・テクであるカナダの同胞、マイク・カルミアだった。

約束のショーの前日にマイクに電話をしたところ、彼はラスベガスのMGMグランド・ホテルの自室に私を招待してくれた。翌日の撮影の打ち合わせを兼ねて、事前に私と会っておきたいというのが彼の意図だった。彼のホテルの部屋には（給湯やシンク等の）バーが完備されていた。コーヒー・テーブルの上には、訪問客へのギフト用にギター・ピックやドラムスティックが置かれていた。互いのカナダ時代の思い出話に花を咲かせ、血気盛んだった頃に思いを馳せて、「ヘルズ・ベルズ」等のAC/DCの代表曲を楽しんだ私たちは、そこから仕事に話を切り替えた。キースのギターとロニーのギターについては、各々1本ずつの撮影許可が下りるだろう、とマイクは私に告げた。いずれもキースとロニーによって厳選されたギターであり、ダメージを避けるために、これまでステージ上で演奏されることは一度もなかったお宝である、ということだった。"パーフェクト！"と、私は心の中でつぶやいた。

翌日の午後の撮影は、理想的な段取りで事が運んだ。その後、マイクはバンドの楽屋を巡るバックステージ・ツアーに特別に私を案内してくれた。彼は独自のネーミング・センスが光る各々のメンバーの個室を私に公開してくれたのだ。ロニーの部屋は「The Recovery Room」、チャーリー・ワッツの部屋は「The Cotton Club」だ。

最もクールだったのは「Camp X-Ray」というキースの楽屋である。黒革の家具に、燭台に、中身が謎だらけのテーブル上の棺箱に、彼のお気に入りのブルース・アーティストのCDが数枚投入され、すぐに選曲できるようになっているステレオ・システム。長年の活動を通じ、キースは間違いなくツアー先でも自分の世界観の中で豪勢にくつろぐ術を心得ている。

ロック界の王座に君臨するバンドの楽屋裏を垣間見るという私の幸運は、これでもまだ十分ではなかったのだろうか。なんと私はバック・ステージでビリー・ギボンズに出くわした。こんな好機をみすみす逃すわけにはいかない。私はギターの写真を撮らせてはもらえないかと彼に尋ねてみた！

1952 GIBSON ES-350

PHOTOGRAPHED: MGM Garden Arena, Las Vegas 2003
GUITAR TECH: Pierre de Beauport

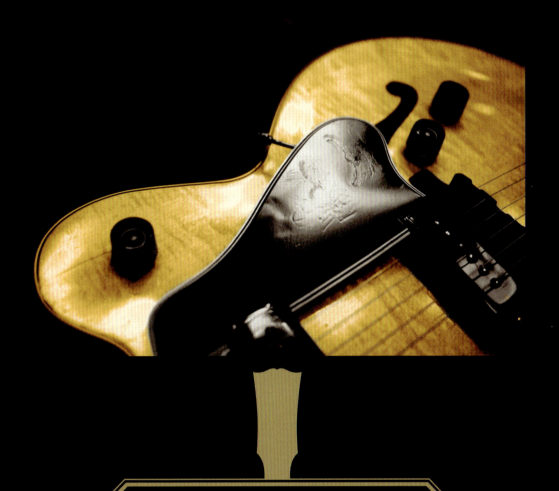

"俗に言うエレクトリック・ギターというのは、実に奇妙な楽器なんだよ。歴代で最高品質のものが製造されたのは、発明されて間もない頃のことだったんだからな。ギブソンとフェンダー、その間には何もなくて、まるで "エレクトリック・ギター" は、どこからともなく出現してきたみたいにしか思えないのに、なぜかそれが完璧な作りだったんだ"

KEITH RICHARDS

RONNIE WOOD

ロン・ウッド（ローリング・ストーンズ）

1948 GIBSON L-5

PHOTOGRAPHED: MGM Garden Arena, Las Vegas 2003
GUITAR TECH: Johnny Starbuck

レアで貴重なギブソンL-5は、幅広い層からアーチトップの聖杯であると考えられている。ロニーはコンサートの前にこのギターでウォーミング・アップする。ボディのバック・サイドには彼の思い出の古い新聞記事がテープ留めされたままだ。彼がストーンズに加わって間もない頃の公演のひとつを好意的に評した新聞の見出しは、こう謳っている。

"Guitar Slingers（2人のギタリスト）：左のロン・ウッドの秀逸なサポートを受け、キース・リチャーズが才気溢れるプレイを披露"。素晴らしいサポート……うん、いかにもである。

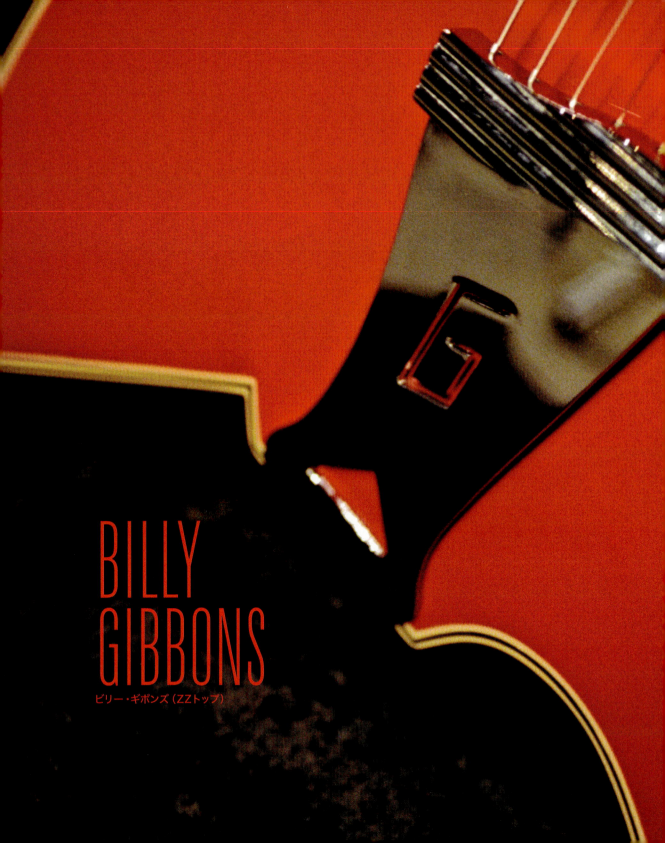
BILLY GIBBONS
ビリー・ギボンズ（ZZトップ）

BILLY-BO JUPITER THUNDERBIRD (PAGE 60-63)

CUSTOM GRETSCH JUPITER THUNDERBIRD — REVERSE BO

ビリーが直接、グレッチ・ギターのデザインに関わったのが、60〜63ページのGretsch G6199のリバース・バージョンだ。ヘッドのGretschのロゴのインレイが裏返っている点にも注目。

"私はだいぶ前にボ・ディドリーから、JUPITER THUNDERBIRDを1本ギフトとして贈られたんだよ。直近のZZトップのレコーディングの最中に、私とエンジニアのクルーがギターの格納庫へ入り込んで、そのスペシャルなギターを捜索してみたところ、めでたく発見することができた。ただし私たちはこんなレアな楽器をロードの過酷な環境下に晒すようなリスクを冒したくなかったので、BFG（ビリーの名前の頭文字）のモジョ・パワーをほどよく注入した新品のモデルの製造を持ちかけた。今やこれが私のメインのステージ・ギターであり、グルーヴの要だ"

BILLY F GIBBONS

PHOTOGRAPHED: Las Vegas August 20, 2003
GUITAR TECH: Elwood Francis

**GIBSON EXPLORER GUITAR 0008
& GIBSON EXPLORER BASS 0007**

かの有名な"ファー・ギター（毛皮のギター）"。ナッシュヴィルのギブソン・カスタム・ショップでルシアー/毛皮職人のマシュー・クラインが作ったものである。ZZトップのコンサートでは、ビリーとダスティ・ヒルが「レッグス」演奏時に、このもふもふのモンスターを披露してくれる。ソフトな外観に騙されないように！　このギターのアクションはなかなか激しいのだ。

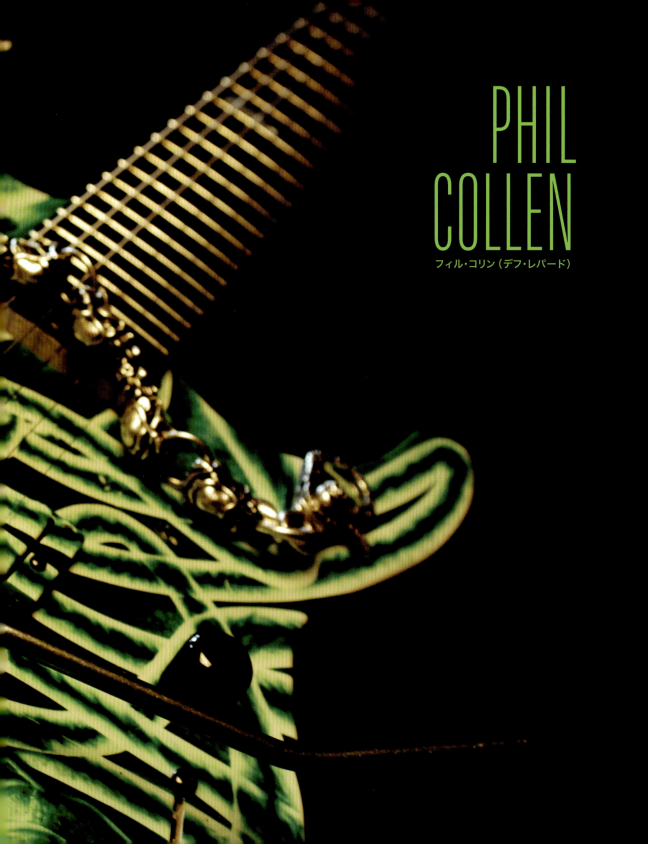

PHIL COLLEN

フィル・コリン(デフ・レパード)

PHIL IS STILL GOIN'-UNSTOPPABLE AND STRONG.

フィルはまだ前進を続けている。誰にも止められない強さで突っ走る。

　私が初めてフィル・コリンと彼の妻のヘレンに出会ったのは2010年のNAMMショーだった。そのとき私は、ジャクソンのブースに展示されていた最新のフィル・コリン・シグネチャー・ギターを撮影した。

　『108 ROCK STAR GUITARS』の制作に取りかかった私は、掲載すべきフィルのギターについて打診してみた。"新しいジャクソンのシリーズはもちろん素晴らしいんだけど、たとえばロード用のアイテムの中に、私がどうしても撮りたくなるような、隠れた銘品が眠っていたりしないかしら?"　すると "ああ、あるよ" と彼は返答した。"今度うちへおいでよ。お望みどおりのものを見せてあげよう"。フィ

ルの広報担当が設定してくれた日時にコリン家を訪問した私は、まさにこの家に相応しい "ジャクソン" という名の陽気な犬に迎えられた。そこでフィルが大切なコレクションから公開してくれたのは、宝石のように美しく甘美なギターの数々だった。

　フィルがデフ・レパードに加入する以前からハード・ロック界で活躍していたのは周知の事実だが、その中で恐らく最も激しい楽曲は、彼の初期のバンドのひとつであるルーシーの「Really Got Me Goin'」だろう。嬉しいことに、フィルはまだ前進を続けている。誰にも止められない強さで突っ走る。

グリーンを基調に夜光塗料を施し、暗闇で光り輝くこのギターのデザインは、映画『プレデター』からインスピレーションを得たものだ。ボディはルシアーのジョニー・グレッツが52時間かけてペイントした。フィルは観る者が恐れおののくような凄いテクニックを披露するときにこのギターを使う。

2005 PC-1 JACKSON SIGNATURE GUITAR — "SOUL-AH"

PHOTOGRAPHED: Home of Phil & Helen Collen
February 3, 2011

フィルがこのキルテッド・メイプルの優れたギターを使用したのは、日本でのみリリースされたサイバーノーツの限定盤アルバムだった。サイバーノーツとは、デフ・レパードのジョー・エリオットとフィル・コリン、そして元スパイダーズ・フロム・マーズのトレヴァー・ボルダーとミック"ウッディ"ウッドマンジーというラインナップが集い、ミック・ロンソンへのオマージュとして結成したデヴィッド・ボウイのカバー・バンドだ。

1985 JACKSON CUSTOM SHOP — "CRACKLE"

フィルが"クラックル"と出会ったのはデフ・レパードが『ヒステリア』をレコーディングしていた頃だった。その後、1988年のヒステリア・ワールド・ツアーでフィルに同行したこの娘は、「シュガー・オン・ミー」にフィーチャーされたことで一躍有名になった。チャートのトップに輝き、数え切れないほどの音楽賞を獲得した「シュガー・オン・ミー」は、80年代に最もヒットした曲のひとつとして音楽史に刻まれている。

2010 JACKSON PC SUPREME — "FACE"

メキシコ観光でアステカのピラミッドを訪れたフィルは、現地で贈られた文化神ケツァルコアトルの小さなチャームをペンダントとしてよく身に着けていた。このケツァルコアトルのチャームを愛してやまないフィルは、自分の最新のシグネチャー・シリーズのひとつであるJackson PC Supremeのデザインに取り入れた。

IAN ANDERSON

イアン・アンダーソン（ジェスロ・タル）

**CUSTOM ANDY MANSON
3/4-SIZED PARLOR GUITAR**

PHOTOGRAPHED: The Grove of Anaheim, CA June 14, 2011

このセクシーで小さなパーラー・ギターは、イアン・アンダーソン（ジェスロ・タル）の意識の中にある"魅惑の森"で考案された後、腕の立つ弦楽器製作者＝アンディ・マンソンが、サイモン・スミッドモアとアンディ・ピザリックの助けを借りて形にしたものだ。自分のギターに関して、常に進歩的ながら焦点の定まった要求をしてくるイアンの望みを叶えるべく、ルシアーたちは毎回小型化するアコースティック・ギターを作り続けてきた。そうやって到達した現時点のボディのサイズについて、イアンは完全に満足しているようにみえる。

MARTIN BARRE

マーティン・バリー

513 PAUL REED SMITH

PHOTOGRAPHED: The Grove of Anaheim, CA June 14, 2011

5つのピックアップを搭載し、ビンテージ・レス・ポールのクリーミーで秀逸な音から、テレキャスターのリアのシングルコイルのトゥワンギーでダーティーな音に至るまで、13種の基本的なトーンが得られる……このように汎用性の高いPRS 513は、現在マーティン・バリーのニーズを満たすギターとなっている。

しかし、偶然にもレッド・ツェッペリンが制作にいそしんでいたのと同じスタジオで、ジェスロ・タルが『アクアラング』をレコーディングしていた当時、まだこのギターは存在していなかった。ジミー・ペイジが挨拶がてらセッションに顔を出したのは、まさにマーティンが「アクアラング」のソロを収録していたときだったという。ライブ・ルームにいたマーティンからは、コントロール・ルームのガラス越しに自分に向かって手を振るジミーが見えた。しかしそこで手を振り返してしまうとソロを録音し直さなければならなくなることがわかっていたマーティンは、ジミーに笑顔だけ返してプレイを続けた。程なくして『アクアラング』のレコード盤がプレスされ世にでると、それはロック史上最も有名なソロのひとつとなった。マーティンはそれ以来ずっと笑みを浮かべてプレイを続けている。

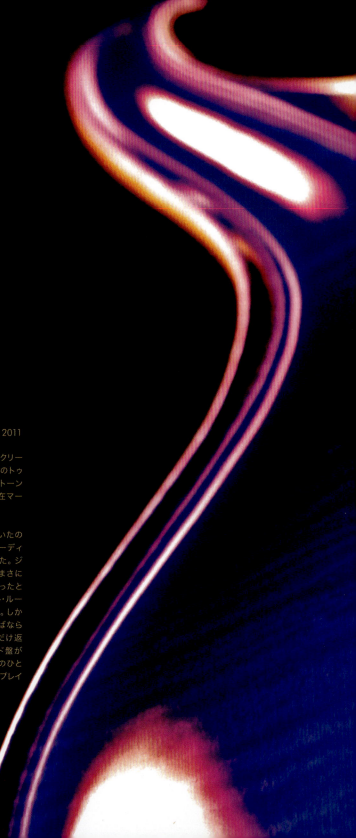

DAVID GOODIER
デイヴィッド・グッドアー(ジェスロ・タル)

1962 FENDER JAZZ BASS

PHOTOGRAPHED: The Grove of Anaheim, CA
June 14, 2011

ジェスロ・タルに参加するデイヴィッド・グッドアーは、ある日バイクを買うために現金を必要としていた男からこの超クールなベースを買い取った。それから彼は、ベーシストのゲイリー・ウィリスが考案したウィリス・ランプという木製のパーツを2つのピックアップの間に取り付けた。この"ランプ"により、デイヴィッドは弦を弾く位置を気にすることなくベースのトーンを最大限に引き出せるようになった……必ずしもピックアップの真上で弦を弾かなくてもよくなったのである。 彼はさらに片方のカッタウェイにも手を加え、フレットボードのいちばん高いポジションにも容易にアクセスできるように改造した。

MICK BOX

ミック・ボックス（ユーライア・ヒープ）

CARPARELLI S3 & CARPARELLI S4

PHOTOGRAPHED: The Key Club, Los Angeles
August 18, 2011

魅惑的なプレイヤーであるミック・ボックス（ユーライア・ヒープ）は、カパレリの美しいフレットボードの上で両手を縦横無尽に動かし観客を魅了する。当然のことながら、彼には熱烈なファンが多い。興味深いのはS3（写真下）のトラス・ロッド・カバーのスペルミスだ。ここでは"Carparelli"が"Carprelli"となっている。

WAYNE KRAMER

ウェイン・クレイマー（MC5）

2010 SIGNATURE FENDER STRATOCASTER — "STARS AND STRIPES"

PHOTOGRAPHED: Wayne's Studio, Los Angeles
August 26, 2010

HIS ANSWER SPOKE OF DARK REMEMBRANCE, OF A DAY WHEN HE HAD SOLD PART OF HIS SOUL FOR A FIX.

その言葉はほんの一時の快楽のために、彼が魂の一部を売り渡してしまった日の暗い記憶を呼び覚ますものだった。

フル装備の機材を担いだ私は、ウェイン・クレイマー（MC5）のレコーディング・スタジオの階段を懸命に上った。マーガレット・クレイマーからにこやかに室内へ招き入れられた私は、電話インタビューの最中だったウェインが締めくくりの回答をしている間に彼女と会話し、スタジオのコントロール・ルームで撮影の準備に着手した。若き日に薬物に溺れ、結果として服役した経験もあるウェインは、そんな波乱の半生を善行への動機付けへと転換した奥深い人物だ。

彼は自分が犯したのと同じ間違いを人が繰り返さぬよう働きかけたり、そのような過ちから転落した人を立ち直らせ再起させるための活動に熱心に取り組んでいる。彼はビリー・ブラッグと組んで、刑務所でなおざりにされている収監者の矯正という側面に焦点を当てた非営利団体、ジェイル・ギター・ドアーズの米国支部を設立した。ウェイン自身の収監をテーマとしたザ・クラッシュの1978年の曲名をそのまま団体名にしたジェイル・ギター・ドアーズUSAは、音楽等の情操教育に受刑者の中の前向きな力を生み出す、もしくは蘇らせる力があり、それによって出所した彼らが社会にうまく溶け込むことが可能になる、という哲学のもと、刑務所に楽器を提供している。

ここに掲載したギターはリイシューだ。私がオリジナルのスターズ＆ストライプスの6弦の所在を尋ねると、コントロール・ルームには重たい沈黙が立ち込めた。ウェインは沈痛な面持ちで、"あれは薬代に消えてしまったんだ"と口を開いた。私の目からは涙が溢れだした。その言葉はほんの一時の快楽のために、彼が魂の一部を売り渡してしまった日の暗い記憶を呼び覚ますものだった。

"あれは薬代に消えてしまったんだ"

WAYNE KRAMER

John Cougar Mell

PHOTOGRAPHED: Nokia Theatre, Los Angeles
April 8, 2011
GUITAR TECH: Rick Weinman

48TH STREET CUSTOM GUITAR

もはや偶像と化した1952年製フェンダー・テレキャスターをモデルにしたこのカスタム・ギターは、木目がはっきりしていて大変美しい。ボディ・サイドのジョンの名前の書体も洒落ている。

1953 MARTIN 000-18

ジョン・メレンキャンプが愛するマーティンの000-18。お気に入りのこの楽器をよくよく使い込んでいるとみえる。

STEVE MORSE
スティーヴ・モーズ

スティーヴ・モーズのお気に入りの6弦を撮影したのは、グリーク・シアターでのディープ・パープルのショーの終演後だ。舞台上では着々と撤収作業が進んでいた。バンドのツアー・マネージャーはスティーヴのギターをロード用のハード・ケースに収納しようとするスタッフを言葉で制した。搬出用通路の蛍光灯の下、黒の背景幕の上に横たわるスティーヴの愛器を、私のアレキサンダー・マックイーンのシルク・スカーフが絶妙のコントラストで浮かび上がらせた。私は絞りを開放してシャッターを押した。

ERNIE BALL MUSIC MAN SIGNATURE GUITAR

PHOTOGRAPHED: The Greek Theatre, Los Angeles
June 24, 2011
ASSISTED BY: Tour Manager – Kathy Rallis

とても個性的なこの楽器の歴史は、当時理想とするギターを自力で作り上げたスティーヴの大学時代に端を発する。フェンダー・テレキャスターのボディにジャンボ・フレットを打ち込んだストラトキャスターのネックを組み合わせたそのギターには、ギブソン・チューン-O-マティック・ブリッジと、質屋で手に入れた12弦ギターから取り外したテイルピースと、4つのピックアップと、3つのトグル・スイッチが取り付けられていた。長年に渡って独自にギター・デザインの改良を試みたスティーヴは、あるときアーニーボール・ミュージックマンからプロダクション・モデルの製作の協力要請を受けた。ここに掲載した楽器は、スティーヴが設計に手を貸した50種のプロダクション・モデルの中で最初に作られたギターだ。ボディにはスティーヴ・モーズ・バンドやディープ・パープルのツアーにおける活躍の痕跡がしっかりと刻まれている。

JOE SATRIANI
ジョー・サトリアーニ

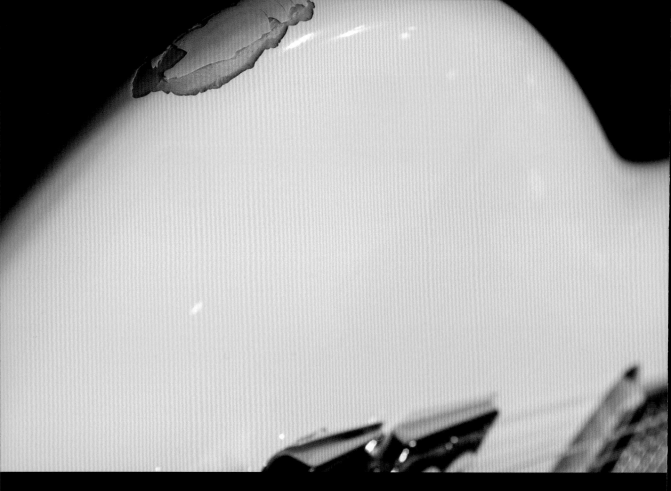

PHOTOGRAPHED: Orpheum Theatre, Los Angeles
January 16, 2011
GUITAR TECH: Mike Manning

2010 IBANEZ JS24 SIGNATURE GUITAR

前の晩にラスベガスで落下事故に逢ったこのギターは、真新しい傷が痛々しく残った状態でオルフィウム・シアターに到着した。ほぼ新品同様のミルキー・フィニッシュのギターがここまで見るも無残な姿になっても、性格の大らかなジョーにはまだ笑い飛ばす余裕があった。

2010 IBANEZ JS24 SIGNATURE GUITAR

サッチ（＝サトリアーニ）は自作のオリジナル・アートワークをフィーチャーしたダダリオのギター・ストラップを使用している。このストラップに描いたイラストを、彼は"クリーチャー（生き物）"と呼ぶ。

2010 IBANEZ JSA10
— SIGNATURE ACOUSTIC GUITAR

ディストーションやリバーブやディレイなどのエフェクトを使ってテクニック（あるいはテクニック不足）を誤魔化すことができないのがアコースティック・ギターだ。技ありのギタリストの演奏をアコギで聴くのはいつでも格別の味である。このアイバニーズを手にすると、ジョーは優しい一面を覗かせる。写真のギターにはピックによる擦り傷が数え切れないほどついているが、その魅力は少しも失われていない。ルックスも鳴りも抜群だ。このストラップはジョーによる"シルバー・クリーチャー"というタイトルのスケッチをフィーチャーしている。

SLASH
スラッシュ（ガンズ＆ローゼズ）

PHOTOGRAPHED: Aladdin Theatre for the Performing Arts, Las Vegas
August 18, 2005
GUITAR TECH: Adam Day

2004 GIBSON LES PAUL SUNBURST — SIGNATURE SERIES PROTOTYPE

スラッシュ（ガンズ＆ローゼズ）のメイン・ギターの1本であるこの愛すべきサンバーストは、彼のファン層に強烈な印象を与えているとても重要な楽器だ。ギターのバックサイドのフィニッシュは、スラッシュのベルトのバックルによってほとんどが削り取られてしまっている。ボディのフロントの欠けは……レザー・ジャケットの袖のジッパーに容疑がかかっている。

A KING OF LIVING GUITAR ART.

これぞ生けるギター芸術だ。

私とスラッシュの出会いの場は、数時間後に2005年シーズンのボストン・レッドソックスとの初戦の火蓋が切って落とされようとしていたトロント・ブルージェイズのホーム、ロジャーズ・センターだった。

スラッシュは、ハーフ・タイム・ショーでカナダ・アメリカ両国の国歌を演奏するためにリハーサルに取り組んでいた。彼は"君のプロジェクトはなんてクールなんだ"と私に声をかけると、握手を求めてきた。"誰もが俺の写真を撮りたがるっていうのに、君が撮りたいのは俺のギターの写真だけなんだってな"。現場の私には知らされていなかったが、スラッシュがその日のショーのために持参したのは、彼がそれまで一度もプレイしたことのないギター

だったのだ。

数ヵ月後、ラスベガスのギグでヴェルヴェット・リヴォルヴァーが当時のアラジン・ホテルを訪れた際、ギター・テクのアダム・デイは気を回して私に連絡をくれた。"どう?"と彼は切り出した。"彼のリアルなギターの写真を撮りに来る気はあるかい?" アラジンで目にしたのは、撮りたいという私の意欲をそそる端的な例とでもいうべき楽器の数々だった。独特のしみやひっかき傷や、全体的な摩耗のパターンから、その楽器を使って独自の作品を創造するアーティスト像を浮き彫りにし、アーティストの人間性を映し出すことで、その楽器自体が芸術作品と化していく。これぞ生けるギター芸術だ。

1991 GIBSON LES PAUL

このギターはボディバックの "SCRAP FOR SLASH G n' R" という言葉が手書きの文字で刻まれた状態で、ギブソンの工場からスラッシュに発送された。この楽器の持ち主を明らかにするために、スラッシュはブリッジの下に頭蓋骨の帽子をかぶったスカルのデカールを転写した。

1987 GIBSON LES PAUL STANDARD

アリス・クーパーと共演していたスラッシュは、うっかりたばこの燃えさしをこのギターの上に落としてしまった。 そして迎えたセットリストの曲間、彼はアドリブで音楽を奏でながらロックンロールが持つ至福の境地に到達すべく、敢えてギターの上でそのたばこを燃やし、わざと焦げ跡を残したという。

1980 B.C. RICH MOCKINGBIRD

スラッシュは特注デザインのピックを、ギターのヘッド横にテープで貼りつけておくのが好きだ。また彼のB.C.リッチは、テープでピックアップを固定して弦高を水平に保っている。

SUGIZO
スギゾー(LUNA SEA)

2007 ESP ECLIPSE S-VIII
— BRILLIANT MIXED MEDIA SIGNATURE MODEL
(PAGES 102-104)

PHOTOGRAPHED: Kobe Arena, Japan
December 31, 2010
ASSISTED BY: Takashi Shinji

30本だけ限定生産されたこのギターは、約8000ドル（約85万円）で販売された。背景はLUNA SEAのベーシスト"J"がアンプの格子布に手描きした聖母マリア像。

BRILLIANT MIXED MEDIA VIOLIN (ABOVE)

（上）SUGIZOはわずか3歳で誕生日にバイオリンを与えられ、クラシックのレッスンを受け始めた。子どもの頃は嫌々バイオリンを弾いていた彼も、やがては熟達した奏者となり、LUNA SEAのハード・メタルを含む自分の音楽にバイオリンを取り入れた。写真のバイオリンはSUGIZOというミュージシャンと同じくらいスペシャルな楽器である。

2010年の大晦日に神戸ワールド記念ホールで開催されたLUNA SEAの「20th ANNIVERSARY WORLD TOUR REBOOT - THE LAST COUNT DOWN」に立ち会うために、私は東京から新幹線で神戸へ向かった。私が窓から眺めていた景色は富士山の劇的な景観を一望できたところで完成形となり、日本のビジュアル系で最大レベルの影響力を誇るバンドのコンサートへの完璧な序曲となった。SUGIZOは (LUNA SEA、X JAPAN、ジュノ・リアクター、S.K.I.N.等) 様々なバンドで活躍中の著名なギタリスト兼バイオリン奏者だというだけでなく、環境や社会のために自ら行動することでも人望を集めている人物だ。アーティスティックなビジョンや多様性に加え、彼はその情熱で何百万もの人々を触発し続けている。

ESP NAVIGATOR GUITAR

フェンダーのストラトキャスターを彷彿とさせるこのギターは、SUGIZOが参加するバンドのひとつであるS.K.I.N.で暗喩的な怒号を上げる。

ESP TRIPLE-NECK SYMBOL GUITAR

この楽器のデザインは、プリンスの"クラウド・ギター"にインスパイアされたものだ。ESPのタカハシ・シンジ氏に――視覚に飛び込んでくる部分以外に――特筆すべき仕様はどこですか？と尋ねてみるといい。彼は一言、"すべてです"と返答するだろう。

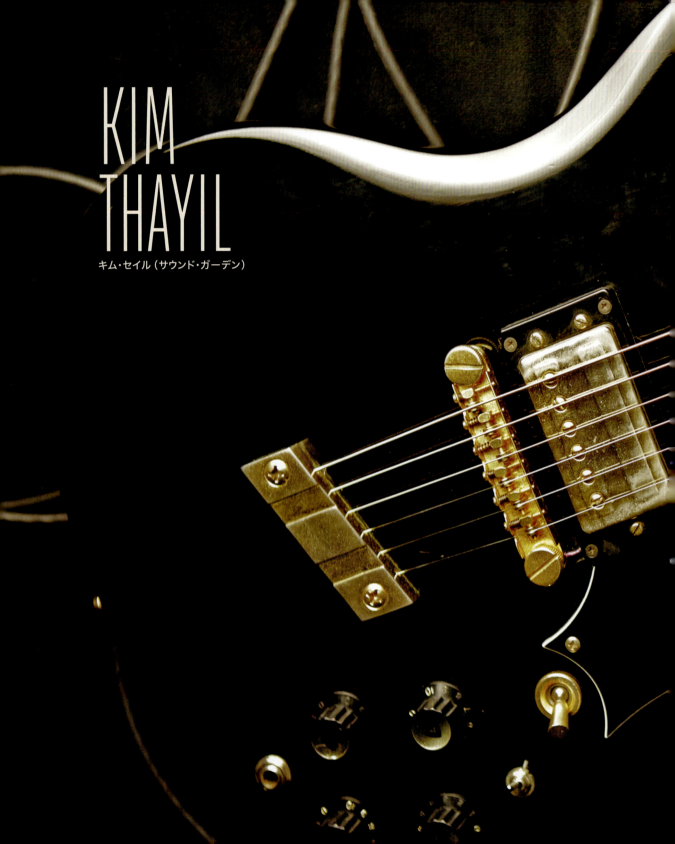

KIM THAYIL

キム・セイル（サウンド・ガーデン）

1990s GUILD S-100

1997年のサウンドガーデンの解散以降、2011年初頭にキム(セイル)が久々に出演したテレビ番組『レイト・ナイト・ウィズ・コナン・オブライエン』の演奏に使用したブラス・パーツ付きのリイシュー・モデル。

PHOTOGRAPHED: Studio X, Seattle WA
August 23, 2011

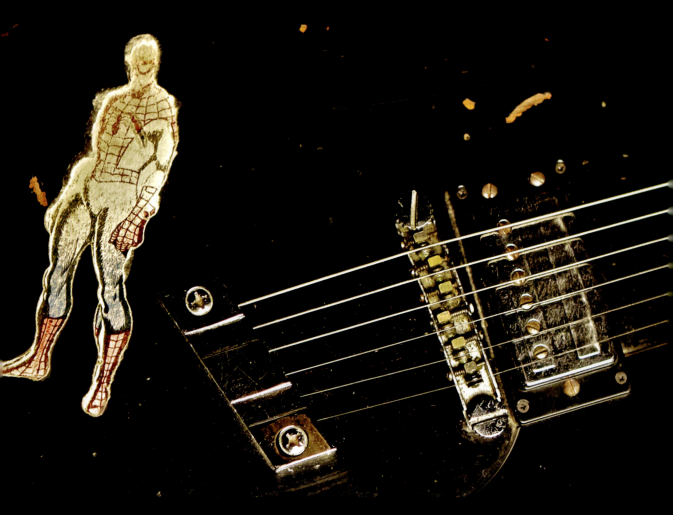

GUILD S-100 CIRCA 1974/75 — "SPIDEY"

キムが1978年頃に購入したこのギターは、そこから13年もの長い間、彼のメイン・ギターであり続けた。彼がサウンドガーデンのデビューEP『スクリーミング・ライフ』でプレイしたのもこのギターだ。スパイダーマンのデカールは元の彼女からの贈り物だ。彼がギルドにそのデカールを転写した直後から、ライブに集まるファンから彼に「Spidey（スパイダーマンのテーマ）」のリクエストが飛ぶようになり、ギターもおのずとその名前で呼ばれるようになった。初期のサウンドガーデンのツアーで世界を廻ったスパイディーの旅は、キムがヘッドにひび割れを作ったコロラド公演で一旦終わりを迎えた。リペアから戻ってきたギターは感触が変わってしまったため、キムはそこでスパイディーを引退させたが、スーパーヒーロー・ギターのパワーは少しも失われてはいなかった。今回の撮影までの間、この楽器は何年もクローゼットの中で休んでいたという。

HE'D CARRIED IN, AND IT FELT TO ME AS IF HE WERE OPENING IMPORTANT TOMBS.

そのときなぜだか私は、彼が大切な人の墓の内部を
開示してくれているみたいな気分になった。

なんの変哲もないドアの上に看板が出ているわけではない。特徴のない建物の外に"ロック・スター御用達"と書いてあるわけでもない。それでも私はなんとか自力でスタジオXにたどり着いた。

中に入った私は、自分の好きな系統のバンドのレコードのプロデュースを何度も手がけているアダム・キャスパーと思いがけない出会いを果たし、とても嬉しく思った。しかも彼は、特別にサウンドガーデンの新録の音を私に試聴させてくれた。ギターを持ったキムが視界に入ってきた時点ではまだ、バンドの攻撃的なリフが私の中に強烈な余韻を残していた。私の存在に気づかなかった彼は、果たしてここに持参したボロボロの古い楽器の写真など、彼女は本当に撮りたがるんだろうか、という懐疑的な言葉をスタジオの管理人に投げかけた。何も知らない彼の謙虚なコメントがあまりに面白かったため、思わず私は"絶対に撮りたいわ!"と口を挟んでしまった。

そこから延々と続いた雑談の中で、私は彼がいつも厚さ0.73～0.88mmのギター・ピックを左右のポケットいっぱいに詰め込んでいることを知った。当然のことながら、その中で最もすり減っているのが彼のお気に入りのピックだ。哲学の教授を父に持つインテリ

で、何事にも熱心に取り組むキムは、もしかするとこの写真集に掲載する108人のギタリストをどうやって選んだのか、その理由に興味を持ってくれるかもしれない、と私は考えた。そうやって私の選択理由（2ページ参照）を聞いた博学な彼は、逆に私に対して数字や数式が歴史上で果たした様々な意味合いについて、たとえばフィル・マンザネラがかつてブライアン・イーノと共に在籍していたバンドの名前は801だった、といったようなトリビアを巧みに交えながら、興味深いレクチャーをしてくれた。

やがて会話を切り上げて撮影を開始した私のために、キムは持参してきたボロボロのギターケースを開けた。そのときなぜだか私は、彼が大切な人の墓の内部を開示してくれているみたいな気分になった。

その夜遅くまで私が作業にいそしむ間、キムとスタジオの管理人はある程度の時間が経つと定期的に喫煙目的で外へ出ていった。私がスタジオを後にする際にも、彼らは所定の喫煙場所であるスタジオXのドアの外でタバコを1本吸いながら、私と別れの挨拶を交わした。心優しいキムは私がストリートを歩いて車へ乗り込むまで、それとなく私の身の安全を見守ってくれていた。

GUILD S-100 — CIRCA LATE 1960s

キムはギルドが製造したオリジナルのS-100の1本であるこのギターを、初期のサウンドガーデンのレコーディングの大半で使用した。オリジナルのS-100かリイシューかは、ブリッジを見れば判別できる。リイシューのブリッジがピックアップと平行なのに対し、オリジナルのS-100のブリッジは角度がついている。

キムはツアーに持って出たすべてのギターに通し番号をつけている。ヘッドの後ろの「2」はそのなごりだ。ロックンロールの伝説そのものであるこのギルドは、かつてギター・プレイヤー誌の表紙を飾ったほか、しばらくの間シアトルにあるエクスペリエンス・ミュージック・プロジェクト・ミュージアムに展示された。今後は、家族と共にアメリカに移住してきたミュージシャンにまつわる展示品のひとつとして、スミソニアン博物館で公開される予定もある（キムは生まれも育ちもシアトルだが、両親はインドからの移民）。

113

RICHARD
THOMPSON

リチャード・トンプソン

1995 FERRINGTON

これはナッシュヴィルを拠点とするマスター・ビルダーのダニー・フェリントンがリチャードのために特別に作った、シリアル番号のない世界で1本だけのギターだ。直近のツアーでのことだが、リチャードの裏方たちは毎回のショーの前に、ちょっとした遊び心からこのギターに小さなかわいいステッカーを1枚ずつ貼り付けていった。おかげで、リチャードお気に入りのエレクトリックの雰囲気は、以前とは随分と違うものになってしまった。

フェアポート・コンベンション時代から名高いギタリストであるリチャード・トンプソンは、最高のアコースティック・ギター・プレイヤーに贈られるオーヴィル・H・ギブソン賞を1991年に受賞した。ミュージシャンの中のミュージシャンである彼は、その演奏テクニックと自作曲のクオリティーに加え、イングランドやアイルランドのフォーク・ミュージックの要素を作品に取り入れ、リスナーに広めるキュレーターのような役割を果たした点でも高く評価されている。彼は間違いなく私たちの生きる時代の最も素晴らしいアーティストのひとりだ。

1980s LOWDEN L32FC ACOUSTIC GUITAR

PHOTOGRAPHED: Pacific Palisades CA
September 14, 2010

リチャードはスプルースとブラジリアン・ローズウッドで作られたローデンを、北アイルランドで購入したという。

"音楽は偉大な癒しの力を持ち、レイシズム（人種主義）のように厄介なものまで吹き飛ばす。音楽は境界線などものともしない。世界における非常にポジティブな力である"

RICHARD THOMPSON

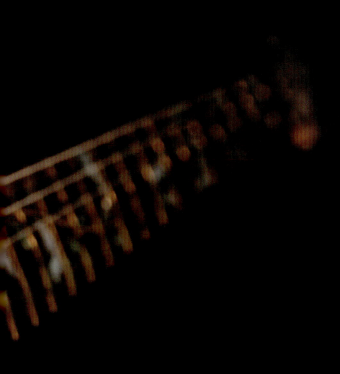

STEVE VAI

スティーヴ・ヴァイ

どんなに多くのツアーやレコーディングを経験しようとも、EVOを見ればスティーヴの心は高鳴る。いついかなる状況においても、この愛器が腕の中にいれば彼は安らぎを見つける。それが木とワイヤーでできていることは承知の上だが、楽器は彼の心の声の代弁者であり、愛に満たされた幸福な瞬間ばかりでなく、絶望の暗闇の中でも共にいてくれる存在だ。だからそれを通して泣いたり、叫んだり、祈ったり、怒りの声を上げたりできる。ここまでEVOに感情移入しているスティーヴが、一抹の不安を抱くのも無理はない。この愛器と一緒にいられるのは限られた時間だけだ。形ある物はいつの日か朽ち果てる。しかし、とりあえず今のところ、彼らが共に伝えるべきことはまだまだたくさんあるようだ。

PHOTOGRAPHED: Los Angeles
August 28, 2010

IBANEZ JEM — "EVO"

ギターというのは雪の結晶に似て、見た目は同じようでも完全に構造が一致するものは存在しない。スティーヴは見かけの上では同一のアイバニーズ JEM のプロダクション・モデルを4本試奏し、メイン・ギターとなるお気に入りの1本を選んだ。その後彼は、純正のピックアップを DiMarzio Evolutions に載せ替え、他の3本の JEM と区別するために、EVO という名をボディに書き記した。

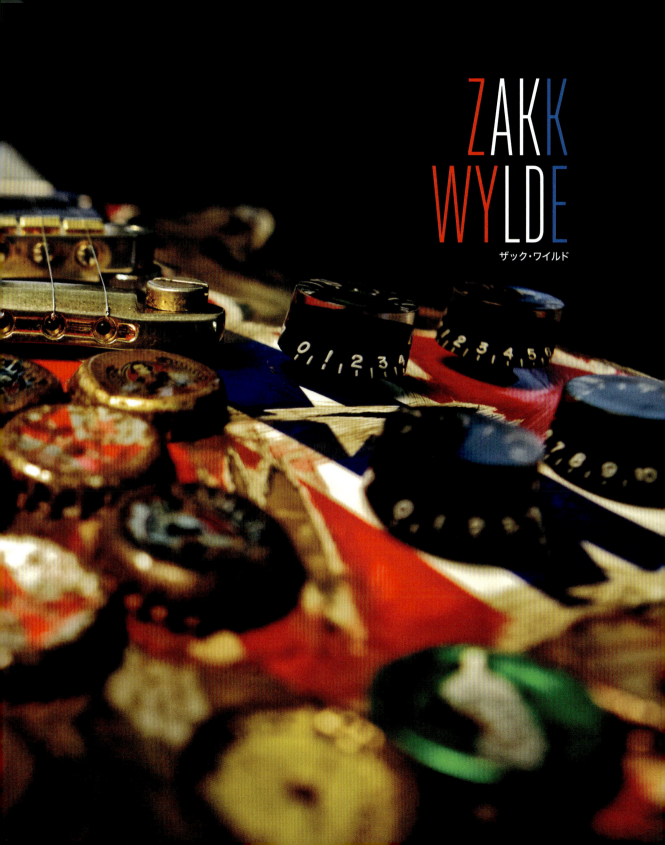

ZAKK WYLDE
ザック・ワイルド

1989 GIBSON LES PAUL — "THE REBEL"
(PAGES 122-125)

ザック・ワイルドは自らの手でこのギターを痛めつけ、レベル・フラッグ（アメリカ連合国の国旗）のペイントを剥ぎ落とした。ボディのフロントには、バーナーで焼いた焦げ跡もあれば、ビールの王冠をハンマーで打ち付けたくぼみもある。"THE REBEL＝反逆者"という言葉は、所有者を的確に表現して余りある。噂によれば、このギターはザックがすべてのレコーディング・セッションで使用している秘密兵器だそうだ。

1981 GIBSON LES PAUL — "THE GRAIL"

ザックはオジー・オズボーンのバンドに加入する数日前に、両親からこのギターを贈られたという。オリジナルのクリーム・フィニッシュは故ランディ・ローズが愛用していたレス・ポールと実質的に見分けがつかないものだった。ランディに敬意を表する意味で、ザックはアルフレッド・ヒッチコック監督の映画『めまい』のポスターに描かれていた標的のパターンを借りて、ギターをリフィニッシュした。製造されてから30年以上経過していることだけは確かなのだが、このギターの正確なヒストリーを紐解くための鍵はどこにも残されていない。実はあるときのツアー先で、スタッフが機材運搬用トレーラーのドアをロックし忘れたとき、このギターはアメリカ合衆国のど真ん中で高速道路上に落下してしまったそうだ。そこから数年後、質屋でこのギターを見つけたファンがウェブサイトからザックにコンタクトし、ギターは無事彼の手に戻った。それが聖杯（THE GRAIL）たる所以か？

PHOTOGRAPHED: Zakk's Studio, Black Label Bunker, Los Angeles
May 25, 2011

EARLY 1990s GIBSON CUSTOM SHOP LES PAUL

PHOTOGRAPHED: Gibson Amphitheatre, Los Angeles
August 26, 2010
GUITAR TECH: Louis Williams

1990年代初頭のギブソン・カスタム・ショップ製レス・ポール。ブックマッチのメイプル・トップの杢目が美しい。チェンバード・ボディで、重さは約5ポンド(2.3キロ)ととても軽い。

GARY ROSSINGTON

ゲイリー・ロッシントン（レーナード・スキナード）

レーナード・スキナードのオリジナル・ラインナップの中で
たったひとり生き残ったゲイリー・ロッシントン。彼がプレイする
「フリーバード」のギター・ソロを聴くたびに、私はスキナードが
いかに音楽性の高さを維持しながら商業的な
成功を手にしたかという事実を噛みしめる。
シンガーでありソングライティングの要だった
ロニー・ヴァン・ザントを含む3人のメンバーの命を奪った
1977年の飛行機事故で、バンドは壊滅状態に
なってしまったが、サザン・ロック人気を決定づけた
彼らの貢献度を私は忘れない。そして再起。
飽きることなくスキナード全盛期の曲の演奏をせがむ
ファンのために「フリーバード」を始めとするほかの
名曲を演奏し続け、輝かせ続けるという行為は、
ゲイリーにとっても必要なことだったのではないかと私は思う。
バンドを襲った悲劇と不屈の精神と復活力。
それらをすべてゲイリーの演奏から私は感じ取る。どんなときも。

ADRIAN BELEW

エイドリアン・ブリュー

PARKER BELEW SIGNATURE FLY

PHOTOGRAPHED: Canyon Club, Agoura Hills CA
October 21, 2011
GUITAR TECH: John Sinks

80年代にキング・クリムゾンの一員として名声を得たエイドリアン・ブリューは、以降もずっとギター・シーンに刺激を与え続けてきた。彼の6弦へのアプローチは、デヴィッド・ボウイ、フランク・ザッパ、トム・トム・クラブ、トーキング・ヘッズ、ナイン・インチ・ネイルズなど、幅広いジャンルのアーティストの作品で聴くことができる。エイドリアンが手にするパーカーのシグネチャー・フライは、基本構造からスタンダードとは異なる。フロントにSustainiac Stealth Proピックアップが載り、Line 6 Variaxモデリング・システムを装備している。しかもMIDI機能が備わっていて、ほとんどのシンセサイザーと互換性がある。インプット・ジャック近くの傷は、アムステルダム公演でのリハーサル時に落下し、フロアにひどく打ち付けられたときについたものだ。

ツアーに出ていないときは、いつものブライアンのステージ用機材はロック界の大物たちがよく利用する保管施設に格納されている。
我々が撮影に訪れた日は、傍らで彼の機材リストが作成されていた。アンプからテープ・エコー・マシン、バンド用の台やライザーから
背景幕など、そこにある機材や大道具・小道具の数々を見るだけで、ストレイ・キャッツ時代から現在に至るまでのブライアンの歴史を
十分に感じることができた。ブライアンはギターの弦をピッキングしてオールディーズの調べをメロディアスに奏でつつ、音楽の未来
をしっかり見据えたミュージシャンでもある。この先、彼の歴史にはどんな新しい1ページが書き加えられるのだろうか。

1959 GRETSCH 6120 — "STRAY CAT"
(PAGES 132-134)

ブライアンのお気に入りのギターのひとつ。現在生産中のシグネチャー・モデル（ブライアン・セッツァー・ナッシュヴィル）と違ってブリッジが固定されていないため、両面テープでしっかりとボディに貼り付けられている。ブライアンのギター・テクはこの特性を生かし、湿度の高い日でも最高のイントネーションが得られるよう、時にブリッジの位置を調整する。中身のくり抜かれた軽量のダイスが、ピックアップのボリューム・コントロール・ノブだ。2つでラッキー・ナンバー7となるデザインである。

EARLY 2000s GRETSCH 6120
BRIAN SETZER NASHVILLE

グレッチのブライアン・セッツァー・ナッシュヴィルは、彼お気に入りの59年製6120に忠実な仕様で製造されている。59年のトレッスル・ブレイシング、TVジョーンズ・クラシック・ピックアップ、固定されたアジャスト・マティック・ブリッジ、ニッケル・メッキのハードウェア、ビグスビーのビブラート・テイルピースを採用。個々のピックアップ・ボリューム・コントロールは、もちろんラッキー・ナンバー7を表したダイスである。

PHOTOGRAPHED: Los Angeles April 4, 2011
ASSISTED BY: Chris Lohden
GUITAR TECH: Tyler Sweet

1990s GRETSCH 6136 BRIAN SETZER BLACK
PHOENIX — "TRIUMPH"

このシングル・カッタウェイのホロウ・ボディは、アーチ型のメイプル・トップ、ツーピースのメイプル・ネック、エボニーのフレットボード、59年のトレッスル・ブレイシング、ビグスビーのビブラート・テイルピースを採用した1本で、ヘッドのクラウンには真珠層のフェニックス・ウィング・インレイが施されている。ブライアンは個人的な趣味で、自分の6136に（バイクの）トライアンフ・ボンネビルのような装飾を依頼した。

1992年にロックの殿堂入りを果たしたクリス・ドレヤは元ヤードバーズのメンバーだと言えばおわかりいただけるだろうか。当初はリズム・ギターを担当し、やがてジミー・ペイジが加入すると今度はベースを担当した。1968年のヤードバーズ解散後、ジミーは結成の準備を進めていた新バンドでベースを弾いてくれないかとクリスに依頼した。だがクリスはその誘いを断り、そこから30年間は写真家としての活動に専念した。ちなみに彼はジミーのニュー・バンド、レッド・ツェッペリンという、なかなか有名なアンサンブルの撮影も行なった。ツェッペリンの1stアルバムの裏ジャケットはクリスによるショットである。

1998 GIBSON LES PAUL

PHOTOGRAPHED: The Key Club, Los Angeles
September 21, 2011

これはエリック・クラプトンやジェフ・ベックやジミー・ペイジのサポート時はおろか、1992年のヤードバーズ再結成時にもまだクリスの手元にはなかったギターだ。しかしなぜだかこの娘は、音楽に満たされ、連夜プレイされてきた楽器にしか見えないくらい磨耗している。

CHRIS DREJA

クリス・ドレヤ

1987 HAMER GT MODEL (ABOVE & PAGE 142)

グレン・ティプトンがこのギターを使用するのは、おもにショーの前のウォーミング・アップ時なのだが、ジューダス・プリーストのDVD『エレクトリック・アイ』では「ブレイキング・ザ・ロウ 」と「ラピッド・ファイア」と「殺戮の聖典」にフィーチャーされている。

GLENN TIPTON

グレン・ティプトン
（ジューダス・プリースト）

グレンが主力としているギターを撮影させてもらったのは、私の出身地であるカナダのエドモントンで開催された、ジューダス・プリーストとシン・リジィとザック・ワイルドが出演するコンサートの開演前のことだった。3名のクルーが機材を搬入しているカオス状態の通路を通り抜けた私は、やっとのことでグレンのギターテク……ウィーゼルという愛称で親しまれているグレッグ・モーガンを見つけた。大声や騒音や、時間に追われるピリピリした空気はあらゆる大きなロック・コンサートの舞台設営につきものだが、なぜかウィーゼルが傍にいてくれるだけで、私が撮影していた空間は終始穏やかなオーラに包まれていた。

1990 HAMER GT MODEL

この魅力的な楽器は、世界的に有名なギター・デザイナー／ルシアーであり、ヘイマーの創設者のひとりでもあるジョル・ダンツィグとグレンが共同設計したものである。クリーム色のフィニッシュに黒の縁取り、スリムなSGスタイルのネック、EMGハムバッカーが2つにロック式トレモロという仕様だ。ヘイマーが製造したほかのGTモデルと同様に、このギターにもトーン・ポットはついていない。グレンは2つのピックアップとラックマウントのEQから、自分が必要とするトーンを得る。グレンがライブ・パフォーマンスでこのギターを使用する際、大きく設計されたボディ下部の突起が重量のバランスを取り、人間工学的にもソロをプレイするのにパーフェクトな角度になるという。

PHOTOGRAPHED: Shaw Conference Centre, Edmonton, Alberta Canada November 1, 2011
GUITAR TECH: Greg "Weasel" Morgan

1990 HAMER GT PHANTOM

電気系統が合理的でとても信頼性の高いヘイマー・ファントムは、グレンがステージ上で好んで使用するお気に入りのギターだ。磨き込まれたステンレス製のピックガードは、舞台照明を反射することによって素晴らしい視覚効果を生み出す。ネックは細く、ピックアップはEMG、ボリューム・コントロールはひとつだけである。

2005 GIBSON CUSTOM SHOP JUDAS PRIEST SIGNATURE SG

グレンが1980年の大ヒット・アルバム『ブリティッシュ・スティール』で使用したギターを、ギブソンが細部にまでこだわって再現した限定版ジューダス・プリースト・シグネチャーSGのプロトタイプ。ローズウッドのフィンガーボードにステンレスのピックガード、ヘッドにSGというモデル名の記載がない点は注目に値する。グレンはツアーでは大抵このギターを弾いているが、プリーストのブリティッシュ・スティール30周年記念ツアーの際には特別にオリジナルを使用した。

K.K. DOWNING

K.K.ダウニング(ジューダス・プリースト)

アストバリー・ホールは何世紀にも渡って地元の名士が所有してきた荘厳な大邸宅である。そんな建造物の現在の所有者という名誉に預かっているのがK.K.ダウニング、ヘヴィ・メタルのギタリストとしても英国紳士としても大いに尊敬されている人物だ。アストバリー・ホールの庭園は彼自身が設計したチャンピオンシップ・ゴルフ・コースとして生まれ変わり、一般に開放されている。屋内で山と積んだマーシャル・アンプを通してパワー・コードを炸裂させていたK.K.が、数分後には敷地内で近くにいるゴルファーと自分のバラ園について話し合う姿を目撃したというアストバリーの訪問者などもいるのではないかと、つい想像してしまう。一目置かれている彼の6弦のコレクションの一部を紹介する。

PHOTOGRAPHED: Astbury Hall, Bridgnorth in Shropshire UK
July 2, 2011

1967 GIBSON FLYING V (PAGES 144-146)

ギブソンのレアな1967年製フライングVの所有者には、マーク・ボランやジミ・ヘンドリックスが含まれている。K.K.がこのギターを購入したのは1981年頃のことだ。楽器店のウィンドウで直射日光の当たっていた部分が色褪せていたので、K.K.は入手後すぐにギターをリフィニッシュした。マイケル・シェンカーもその店でこのギターを試奏して購入を考えていた。後日、自分が欲しかったこのギターをプレイするK.Kを目撃したマイケルは、思わずこう叫んだ。"おいっ、それは俺が狙っていたギターだぞ!"

JUDAS PRIEST SPECIAL V

これはルシアー／ギター・テクのダニエル・R・ジョンソンがK.K.のために作ったギターである。特筆すべきはスキャロップド加工されたフレットボードだ。

2008 KXK SIGNATURE MODEL

アメリカのKXK Guitarsに特注で作らせた完全ハンド・メイドのギター。フロイド・ローズ・スピードローダー・ブリッジ・ユニットとEMG 81／85ピックアップを装備。この楽器ならではの仕様のひとつは、単独のボリューム・ノブが実はプッシュ／プル式で、ピックアップ・セレクターを兼ねている点だ。ピックアップの上のLEDライトが点灯して、どのピックアップがアクティブなのかを示してくれる。ギターの背面にあるスイッチを使えばその点灯をオフにもできる便利な機能だ。フレットボードには12個のKの文字のインレイ、トラスロッド・カバーには悪魔のピッチ・フォークの紋章、ボディには真珠層のK.K.ダウニングのロゴが入っている。

147

（左）K.K.はこのギターの見た目に"メタル色"が足りないと考え、スタッド（鋲）を打ち込んだ。写真の鋲打ちギターの奥は、K.K.ダウニング・シグネチャー・ヘイマー・フライングV・ゴールドトップ。恐らくヘイマーが一点物として作ったギターだろう。

1965 FENDER STRATOCASTER

80年代初頭にK.K.はファンからこのギターを贈られた。"このギターはあなたがプレイするべきだ"と、そのファンは事務的に言ったそうだ。これがビンテージのストラトだったということにK.K.が気づいたのはほんの数年前のことだが、このような貴重な楽器をファンから与えられたことを知って、彼は改めてショックを受けた。

1982/83 HAMER SIGNATURE GUITAR

ヘイマーがK.K.のために初めて作ったギター。初めてのギターに相応しく、初期バージョンのフロイド・ローズ・スピードローダー・ブリッジ・ユニットが使われている。あまりにも初期のバージョンだったため、実際にはまだフロイド・ローズの名前すらついていなかった。

ダラスのギター・ショーでジョージ・リンチと会う約束を取り付けていたその日に、ジェフ・ベックのフランケンストラトの撮影予定が飛び込んできてしまった。私がジョージにこの事実を明かしたところ、彼は"それなら、俺がせっせと芝刈りをして稼いだ金で、初めて買ったのがジェフ・ベックのアルバムだったってことをぜひ彼に知らせてくれよ"と快く日程変更を受け入れてくれた。私の頭の中には、いつの日か自分がヘヴィ・メタル・ギター界のスター・プレイヤーになることも知らず、音楽への欲求を満たすために夏の暑い日中に肉体労働で日銭を稼ぐ若々しいジョージの姿が浮かんだ。6弦にまつわる仕事に携わるために生まれてきたようなジョージは、ミスター・スケアリーを名乗るルシアーとしても高く評価され、実際に自らギターを製作している。

CUSTOM ESP —— "TIGER"

PHOTOGRAPHED: Dallas Guitar Show
April 16, 2011

ジョージは25年以上に渡るESPギターのエンドーサーだが、1986年以前の彼がプロの目で選んでいたのはシャーベルだった。こちらのトラの縞模様の楽器は、80年代に購入したシャーベルのパーツを中心に組み立てられた、ほぼ自家製のストラトだ。唯一のESP製パーツであるネックの鋭角なヘッドには、ブランド名が印字されている。また、フロイド・ローズ・トレモロのスプリングを引っかけるブロックにジョージの名前が刻まれている。

GEORGE LYNCH
ジョージ・リンチ

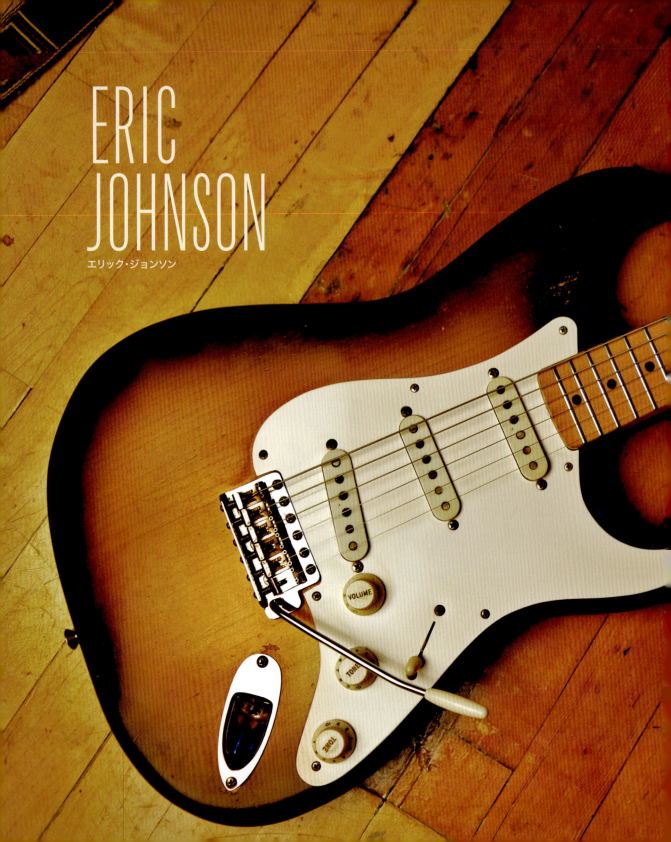

1957 FENDER STRATOCASTER

エリック・ジョンソンは何年か前に、ツアー中だったフロリダでこのお気に入りのストラトキャスターと出会った。現在生産中の彼のアーティスト・シリーズ・ストラトは、このギターが雛形となっている。エリックはより豊かなサステインとレゾナンスを得るため、すべてのギターからトレモロ・カバーを取り払っている。

I LIKE TO THINK THE SPIRITS OF BOTH ELVIS AND HENDRIX WERE WITH ERIC JOHNSON'S GUITARS THE DAY I VISITED THEM.

私が撮影に訪れた日には、エルヴィスとヘンドリックス両者のスピリット
がエリック・ジョンソンのギターに宿っていたと信じたい。

2011年のエクスペリエンス・ヘンドリックス・
ツアーはエリック・ジョンソン、スティーヴ・ヴァ
イ、ヴァーノン・リード、ケニー・ウェイン・シェ
パードにビリー・コックスという面白いライン
ナップだった。

エリック・ジョンソンのギターを撮影するた
めの事務手続きに向かう途中のバックステー
ジで、私はその日のコンサートを撮影するた
めにすでに会場入りしていた著名なロック・
フォトグラファーのロバート・ナイトとばったり
出会った。しばし会話を交わす中で、私はエ
リックのギターの撮影目的で訪れたことと、間
もなくロンドンに飛んでジミー・ペイジのコレ
クションを撮る予定であることを彼に告げた。
"「天国への階段」で彼が弾いたギターを必ず
押さえてくるんだぞ"というロバートの別れ際
の忠告を私は胸に刻んだ。

私が舞台裏で撮影のセットアップをしてい
ると、警備員の一人が私に面白いトリビアを
教えてくれた。70年代にはエルヴィス・プレス
リーが定期的にベガス・ヒルトン・ホテルで公
演を行なっており、私がエリックのギターを撮
影するために選んだ場所——フローリングの
木の色のトーンが周囲よりも暗い正方形のス
ポットは——ステージに上がる直前のエルヴィ
スが控えていたお決まりの場所だったのだそ
うだ。プレスリーのバンドが彼を迎えるべく、
ショーのオープニング・ナンバーの演奏を始め
た頃、白いスーツとケープに身を包んだエル
ヴィスはいつもその特定の場所で祈りの言葉
をつぶやいたという。いつでも必ずこの立ち
位置にいたそうだ。のちにヒルトンが改装され
床が張り替えられたときにも、経営陣はショー
に臨む前のエルヴィスが好んだスポットだけ
は元のフローリングを残している。

私が撮影に訪れた日には、エルヴィスとヘ
ンドリックス両者のスピリットがエリック・ジョ
ンソンのギターに宿っていたと信じたい。

FENDER ARTIST SERIES ERIC JOHNSON STRATOCASTER

ネックの半径やスペシャルなサウンドのピックアップ等の技術的側面により、一部からフェンダーの最高傑作のギターだとの声も上がっているエリックのシグネチャー・ストラトキャスター。その ネック・プレートには、イニシャル "EJ" とココペリ・ダンサーが刻まれている。ネイティブ・アメリカンのシンボルであるココペリは、伝統的に笛を吹く姿で描かれることの多い豊穣の神だが、エリックのココペリはギターを好むようだ。

PHOTOGRAPHED: LVH (formerly the Vegas Hilton),
Las Vegas May 20, 2011
GUITAR TECH: Jerry Holmes

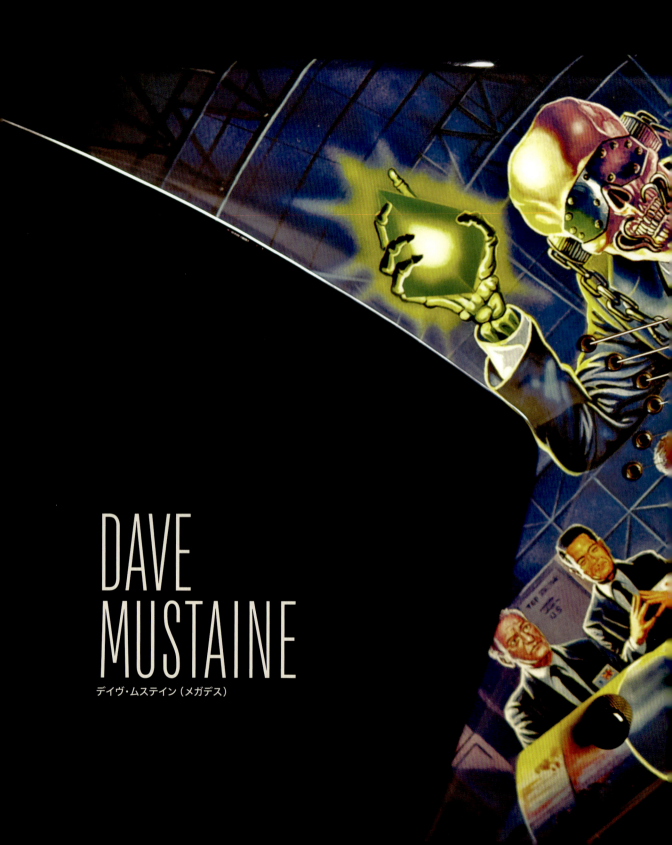

DAVE MUSTAINE

デイヴ・ムステイン（メガデス）

DAVE MUSTAINE SIGNATURE DEAN VMNT — "RUST IN PEACE"

PHOTOGRAPHED: Vic's Garage, near San Diego CA
May 6, 2011
GUITAR TECH: Willie G

ジャクソンとESPの双方のエンドーサーであるデイヴ・ムステインの昨今のフェイバリットは、ディーン・ギターズだ。アルバム・タイトルと同名のこのギターに描かれているのはもちろんカバー・アートと同じメガデスのマスコットである。ハロー、ヴィック・ラトルヘッド！　このシグネチャー・モデルはマホガニーのトップとボディ、デイヴ・ムステイン・ダンカン・ライヴ・ワイヤー・ピックアップに、パールのインレイを使ったエボニーのフレットボードを備えている。

THERE WERE TOO MANY GUITARS

膨大な数のギター

メガデスの事務所であるヴィックス・ガレージの収納ロフトの豊富な機材に囲まれた私は、オープン・ルームに描かれたメガデスのマスコット……「見ざる、聞かざる、言わざる」という古い教えを皮肉った風刺画であるヴィック・ラトルヘッドの巨大な壁画を見渡していた。メガデスの「ザ・スカル・ビニース・ザ・スキン」の歌詞で表現されているように、ヴィックは表向きだけ邪悪な行ないを否定している産業複合体のグロテスクな犠牲者だ……彼はその矛盾を体現している。

そんなラトルヘッド氏を見つめながら物思いに耽っていると、スタジオのマネージャーが私が興味を示しそうなギターを数本出してきてくれたのだが、そのうちの1本は、彼がケースを開けても内部が紙で覆われていて本体が見えなかった。"このギターは見るな！"と紙が警告してきたようだった。もちろんそれは私が絶対に写真を撮るべき楽器だったはずだが、ギターケースはすぐに閉められて、ギターは棚へ戻されてしまった。それでもここで紹介できたムステインの6弦に関して、私は至極満足している。もはやベテランである彼のこれまでの彩り豊かなキャリアを紹介するには最適のチョイスだろう。

仕事中、スタジオから壁越しに漏れ伝わってきた熱きリフを聴く限り、彼の今後はさらに実り多いものになりそうだ。

DAVE MUSTAINE SIGNATURE ESP DOUBLE NECK DV-8 (LEFT)

(左ページ) 当初、私はデイヴのDV-8に近づくことを恐れた。ここまでエッジの尖ったギターを相手にしたら、女性はすぐにけがをしてしまうかもしれない。第1フレットに施されたビリヤードのボールのアイコンに注目だ。

JACKSON KING V FLYING V GUITAR WITH DM CUSTOM PICKUPS

ウェブで見つけた1992年のメガデスのライブ映像の彼は「ハンガー18」でこのギターの首根っこを掴んで命令に従わせている。デイヴがストラップを使ってこのギターをプレイする際に、本人からよく見えるボディ上部の側面に、リボン状の紙片のこんな言葉が貼り付けてある。"あなたは自分のスピリチュアルな面を成長させるといいでしょう"。

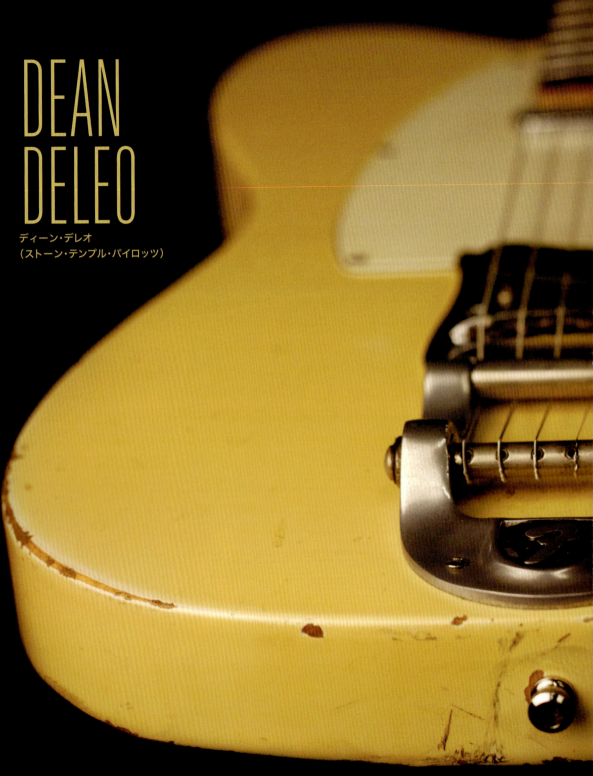

DEAN DELEO

ディーン・デレオ
(ストーン・テンプル・パイロッツ)

1966 FENDER TELECASTER — "VINTAGE WHITE"
(PAGE 162)

PHOTOGRAPHED: The Pearl Theater, Palms Casino Resort, Las Vegas
GUITAR TECH: Bruce Nelson

ストーン・テンプル・パイロッツのサウンドの大部分を占めているのがディーンの個性的なギター・トーンだ。ディーンがこのビンテージ・テレキャスターをどれだけ有効活用しているかは、STPの「バッグマン」を聴けばわかる。

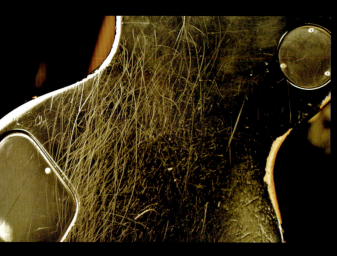

1978 GIBSON LES PAUL STANDARD

このレス・ポールは正面から捉えると一見新しいもののようなのだが、裏側にある表現主義の抽象画のような傷は、ギグやレコーディング・セッションに奔走した過去を示唆している。

1967 FENDER SUNBURST TELECASTER

彼女を一目見ただけで、この1967年のテレがコレクションの中でもディーンのお気に入りのひとつであることがわかる。よくよく使いこまれた彼女は、単なる博物館の展示作品とは別の領域の美しさを持つ。

2010 NELSON T GUITAR

ギタリストが、ギターのシリアル・ナンバーに深く思い入れる例はあまりないかもしれない。しかし、彼はこのギターに個人的な深い感情を抱いている。ギター・テク／ルシアーのブルース・ネルソンがディーンのために作ったこのギターのネック・プレートに刻まれた数字は、ディーンの息子ロッコの誕生日だ。

IAN HUNTER

イアン・ハンター(モット・ザ・フープル)

2008 GIBSON J-45 SOUTHERN JUMBO

PHOTOGRAPHED: February 13, 2011
GUITAR COURTESY OF: Rick Tedesco, Guitar Hangar

モット・ザ・フープル時代の活躍で最もよく知られるイアンだが、彼はその40年のキャリアを通じて、デヴィッド・ボウイ、ミック・ロンソン、アール・スリック、トッド・ラングレン、クラッシュのミック・ジョーンズ、ブライアン・メイほか、数え切れないほどの一流アーティストとの共演を果たしてきた。また、長年取り沙汰されてきた彼のソングライターとしての並外れた才能に対し、2005年にクラシック・ロック誌はクラシック・ソングライター賞を授与した。彼の美しい音楽性が、磨き抜かれたこのJ-45と共鳴する。

FENDER TELECASTER

PHOTOGRAPHED: The Greek Theatre, Los Angeles
August 4, 2011
ASSISTED BY: Alex Drizos

トラフィックのメンバーだった時代からブラインド・フェイスやデレク・アンド・ザ・ドミノスへの短期の在籍を経た後は、ジミ・ヘンドリックス、ローリング・ストーンズ、ジョージ・ハリスンを始めとする幾多のプロジェクトへのゲスト出演を積み重ねながら、デイヴ・メイスンは息長く華麗なキャリアを築いてきた。現在も頻繁にツアーに出ている彼だが、ウェブサイト（www.Davemasonmusic.com）からは時間が許す限り幅広く慈善活動をサポートしている彼の社会貢献度が伝わってくる。フロイド・ローズ・トレモロとセイモア・ダンカン・ピックアップでカスタマイズされたデイヴのテレキャスターを見ると、入力ジャック周辺に相当な数のくぼみ傷ができているのが確認できた。

DAVE MASON
デイヴ・メイスン（トラフィック）

1964 GIBSON ES-175 — "MR. GIBSON"

PHOTOGRAPHED: The Greek Theatre, Los Angeles
August 2, 2011
ASSISTED BY: Joe Comeau, Production Manager for Yes,
Tech for Steve Howe

ギタリストたちはよくお気に入りの楽器に名前をつけて擬人化するものだが、スティーヴ・ハウと"ミスター・ギブソン"の間柄はさらに一歩進んでいる。ハウは大西洋横断のフライト時にはいつも大切な相棒に席を買い与える。ほぼすべてと言っていいほどのイエスのアルバムのレコーディングに貢献してくれたギターに対し、スティーヴはこうやって最低限の感謝の意を表しているのだ。6弦の紳士として大いなる尊敬を集めるミスター・ギブソンは、アート・ロック界の一流作曲家の偉大なるパートナーである。

STEVE HOWE

スティーヴ・ハウ（イエス）

JIMMY PAGE

ジミー・ペイジ（レッド・ツェッペリン）

THE HIGH PRIESTESS OF ROCK GUITARS

ロック・ギター界の女教皇

　ロックンロールのアイコンと呼ぶに値するギターは数あれど、ジミーのSGダブルネックの上にランクされるようなものは存在しない。間近で観察した人は、「天国への階段」を頻繁に上っている彼女が、実は地獄からの生還者なのだということに確信を持つことだろう。ライブにおけるジミーはツェッペリンの最も有名な曲のイントロを12弦を使って演奏し、曲の荒々しいセクションとソロを6弦で演奏する。

　このギターのシリアル・ナンバー911117をすべて足すと20となり、20の10の位と1の位の合計は2となる（9＋1＋1＋1＋1＋7＝20，2＋0＝2）。数秘術に価値を見いだす私たちにとって、数字の2はバランス、調和、想像力、そして創造性を意味する。

　さらに、タロットの第2の切り札といえば女教皇だ。一説によれば、彼女は内なる声に耳を傾け、地球上の価値観を超えた神秘的な何かを直感し、それを他者に愛されるメロディーに変換するための賢者の呼びかけを表している。ジミーがSGダブルネック以上のパートナーに恵まれなかったのは、そういった理由からかもしれない。

1968 GIBSON EDS1275 — SG DOUBLE NECK

PHOTOGRAPHED: ie:music, London
July 5, 2011
GUITAR TECH: Lionall Ward

GIBSON SG — 1967 REISSUE

PHOTOGRAPHED: Malibu CA　March 1, 2011

ドアーズ結成当初のロビーに買うことができた唯一のギターが、カリフォルニア州サンタモニカのエース・ローンズという質屋で見つけた中古のギブソンSGスタンダードだった。当時の価格で$180（約2万円）だ。そのギターは結局盗まれてしまったのだが、ここに掲載した67年のリイシューの感触は以前持っていたものとほぼ同一だった。ロビーが大好きな61年のSGジュニアのネックを彷彿とさせるようだ。現在購入可能なロビー・クリーガーSGリイシューは、このギターを雛形としている。

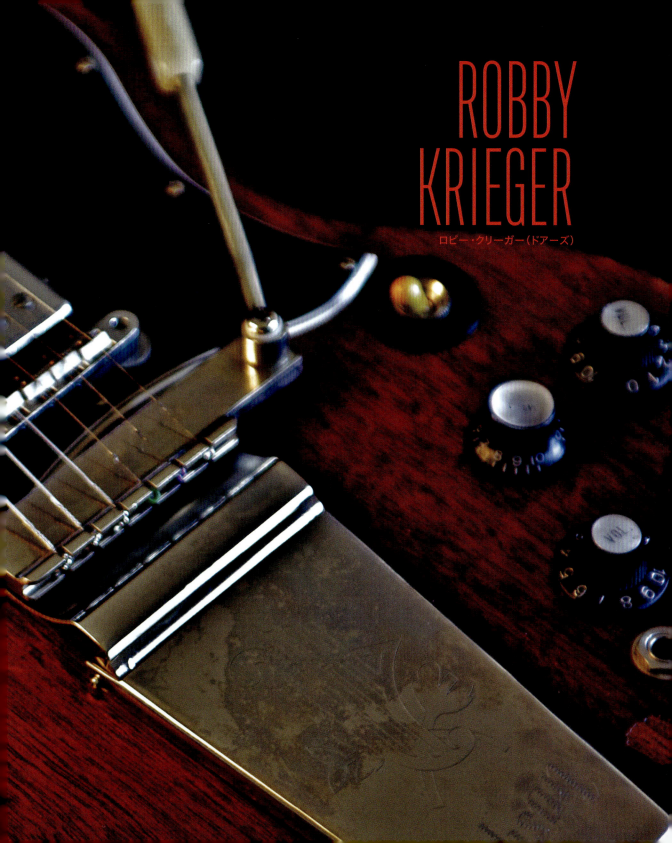

ROBBY KRIEGER
ロビー・クリーガー(ドアーズ)

1960 GIBSON LES PAUL — "KRIEGERBURST"
(PAGE 180)

ロビーのお気に入りのレス・ポールである"クリーガーバースト"は、その楽器自体が感動的な芸術作品であり、絶えず彼を新たな音楽の高みへと誘う。彼は70年代に、生涯目にした中で最も美しいサンバーストを＄3,000（約32万円）で見つけたにも関わらず購入しなかったことを今も後悔しているのだが、クリーガーバーストは本当に群を抜いて素晴らしい。ネックは通常よりも細く、重さは8ポンド（約3.6キロ）未満だ。希少なギターのため、ロビーがこのギターを持ってロードに出ることは決してない。

初めて私の家を訪問してきたロビーは、庭から両手で包んだ顔を私のリビングの窓に押しつけてきた。彼は普通に私の家のドアベルを鳴らしたのだが、彼を家へ招き入れるまでにおびただしく時間がかかってしまったせいだ。しかしながら対面が叶ったあとは、なんと楽しかったことだろう！　彼はここに掲載したギターすべてで私に甘いセレナーデを奏でてくれた。

1963 JOSE RAMIREZ FLAMENCO GUITAR

7歳だったロビーは、スペインへの出張から戻った父親からこのサンプルのギターをお土産にもらった。かの国で最も有名なルシアーのひとりによって作られた逸品である。まだ新品同様のコンディションで、エボニーのフィンガーボードとローズウッドのチューニング・ペグが控えめながらとても美しい。そしてすべてのフラメンコ・ギターの例に漏れず、フェザー級の軽さだ。1968年、ロビーはドアーズの「スパニッシュ・キャラバン」のレコーディングにこのギターを使用した。

JORMA KAUKONEN

ヨーマ・コーコネン(ジェファーソン・エアプレイン)

**2010 MARTIN M-30 JORMA KAUKONEN
CUSTOM
ARTIST EDITION**

PHOTOGRAPHED: Infinity Music Hall, Norfolk CT
August 18, 2011
ASSISTED BY: Myron Hart II

ヨーマがマーティン・ギターズと共同開発したのがこのゴージャスな楽器である。マーティンのディック・ボークが作った本器のトッ プにはレアなイタリアン・アルパイン・スプルース材、バックとサイドにはインディアン・ローズウッド材が使われ、19〜20フレットの間には真珠層のインレイでヨーマのサインが入っている。そして2枚のラベルがギターの内部を飾っている。1枚はヨーマによって署名されシリアル・ナンバーが付与された本物の証明書だ。2枚目は、地球上で最も偉大なギタリストから指導を受けられるギターのワークショップに加え、年間を通してコンサートが楽しめるヨーマのファー・ピース・ランチのプロモーションだ。ファー・ピース・ランチはオハイオ州メグズ・カウンティにある音楽のオアシスである。

JOHN PETRUCCI

ジョン・ペトルーシ（ドリーム・シアター）

2011 JPXI ERNIE BALL MUSIC MAN — "BLACK MAGIC" SIGNATURE GUITAR

PHOTOGRAPHED: Nokia Theatre, Los Angeles
September 25, 2011
GUITAR TECH: Matthew "Maddi" Schieferstein

ドリーム・シアターにおける魔法使いのようなジョン・ペトルーシの7弦プレイを聴いたことのある人なら誰しも、時に彼はギターで異次元へ到達すると証言できるだろう。写真のJPXI──別名"ブラック・マジック"──これはアーニーボール・ミュージックマンの10周年記念版JPXの進化版である。デュアル3ポジション・トグル・セレクター、ピエゾとカスタムのハムバッキング・ピックアップ、鳴りを追求したボディ……これらの機能は、アコースティックなトーンから、頭がガンガンするようなダーティーなエレクトリック・トーンまでを、ジョンに幅広く提供する。JPXIが多用途で優れたギターであることは疑う余地がないが、奇跡を起こしているのは楽器ではない。これはあくまでもジョン自身の持つ高度な演奏技術に基づいているものなのだ。

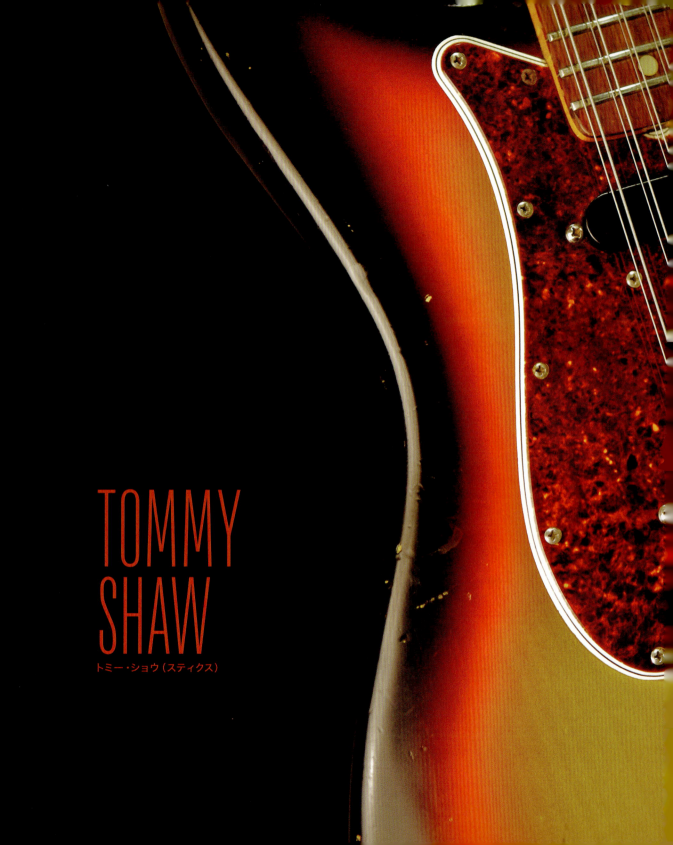

TOMMY SHAW
トミー・ショウ（スティクス）

FENDER ELECTRIC XII

私たちがフェンダー・エレクトリックXIIを目にする機会は滅多にない。ジミー・ペイジが「天国への階段」の12弦パートを録音したのはこのギターだったという伝説もあるが、彼がコンサートで同曲を演奏するときはいつもSGのダブルネックだった。一方、トミーはスティクスの「Suite Madam Blue」のライブ演奏時にこの希少な楽器を公開してくれる。

PHOTOGRAPHED: The Greek Theatre. Los Angeles
August 2, 2011
GUITAR TECH: Jimmy "J.J." Johnson

1998 GIBSON LES PAUL

カリフォルニアのターザーナにあるノーマンズ・レア・ギターズで購入して以来、このレス・ポールがトミーの一番のお気に入りとなった。その理由は簡単だ。スーパースターにふさわしいギターの典型だからである。

JAMES "J.Y." YOUNG

ジェームス・ヤング（スティクス）

PHOTOGRAPHED: The Greek Theatre. Los Angeles
August 2, 2011
GUITAR TECH: Greg Mandelke

2001 FENDER STRATOCASTER (PAGES 192-194)

ヘンドリックスから強く影響を受けているJ.Y.は、若き日のクレイマー・ギターとの契約などなかったかのようにストラトキャスターを愛している。ここに掲載した1本は、サスティニアック・ステルス・プロ・システムとフロイド・ローズ・トレモロを装備した彼の現在の主力ギターであり、これまでに1,000回以上のショーで使用してきたストラトだ。

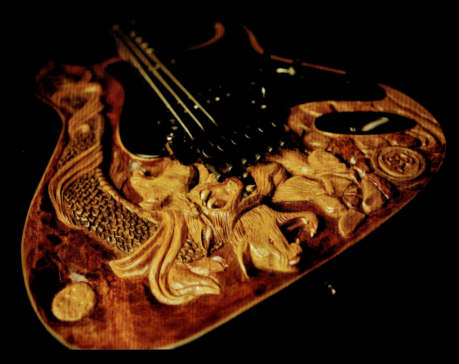

J.Y. CUSTOM — "CERBERUSCASTER"

J.Y.とルシアーのヴィニー・リコッタが共同で設計し、後者が製作を手がけたこの芸術的な楽器に施されているのは、ギリシャやローマの神話に登場する頭を3つ持つ犬、ケルベロスの彫刻である。冥界の門番であるケルベロスは死者の霊だけを通し、中からは誰も逃げられないように見張っている。両頭の蛇であるケルベロスの尾が、ギターのボディの輪郭に沿って彫られているところに注目して欲しい。

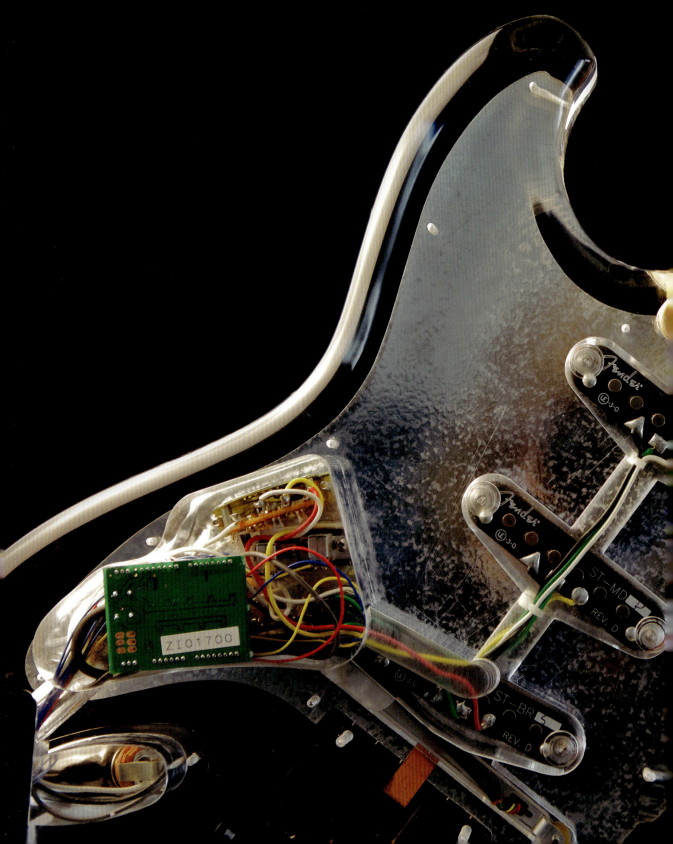

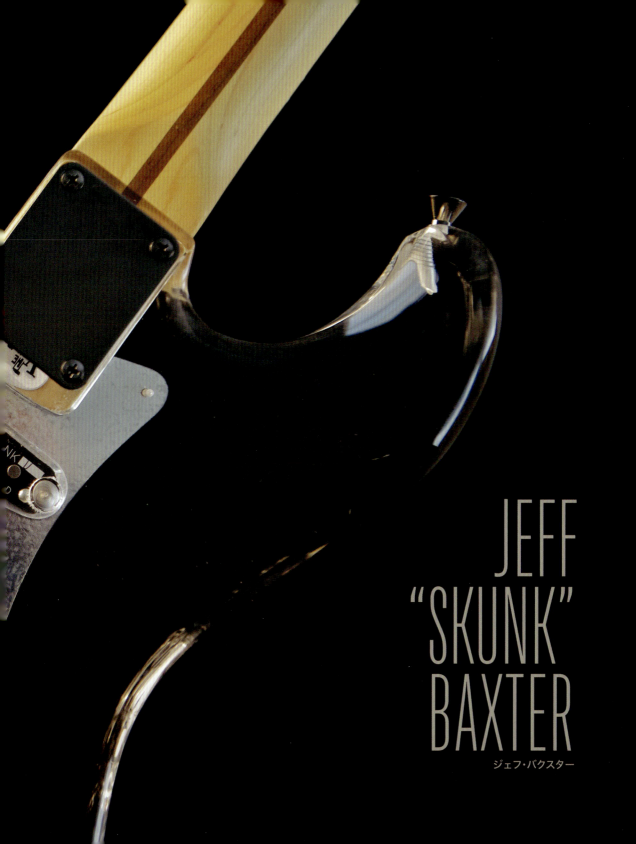

JEFF "SKUNK" BAXTER

ジェフ・バクスター

かねてから抱いていたミサイル防衛システムへの興味が、彼の中で最も大きなものとなった2001年9月11日以降、スカンクは様々な議員の防衛コンサルタントとして貢献してきた。軍事情報の世界が秘密主義だということに疑う余地はない。官僚的な仕組みは霧に包まれている。いずれにせよ、スカンクの使命は他の関係者と同様、軍の秘密を守ることに尽きる。ところが、ギター・プレイに関して言えば、彼は努めて情緒的な誠実さと、ありのままの表現を追求している。内部構造の働きまで包み隠さず見せる透明のギターをチョイスするあたりに、彼のギターへの実直な姿勢が表われているように思える。

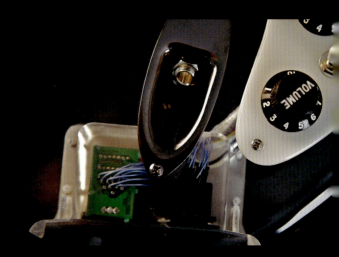

1975 CUSTOM ROLAND GR 505 SYNTHESIZER GUITAR

PHOTOGRAPHED: Malibu CA
July 29, 2011

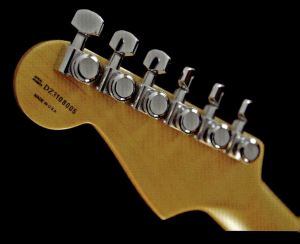

スカンクにフェイバリットのギターは何であるかを尋ねると、彼は熱意を込めて声高に主張する。"この愛器しかない！ 手巻きのSkunk-O-Sonicピックアップを搭載したプレキシグラスのローランド・シンセ・ギターだ"。世界に1本だけのこのギターは重量が18ポンド（約8.2キロ）もあり、楽器としては最も重たい部類に属する。ずっと以前からギター・シンセサイザーの探求に余念のなかったスカンクは、あるときプレキシグラスで6弦のシンセ・ギターを作って欲しいとローランドにオーダーした。材質を変えてしまえば——特にレコーディングの際に——共鳴力のある木製の楽器が引き起こすトラブルを最小限に抑えることができるだろうと考えたからだ。だが初代のプレキシグラスのギターは2006年にレンタルしたトラックから盗まれてしまった。そこでスカンクは前回とまったく同じものを作ってくれるよう再度注文を出すとともに、今度は楽器製作者の杉本眞（SUGI Guitars）に、（自分の好きなバンドへのオマージュとして）ザ・ベンチャーズのギター・ピックをネック部分に埋め込んで欲しい、と依頼した。偶然にもヘッドの裏側のシリアル・ナンバーにはこの本のタイトルと同じ108の数字が含まれている。

ジョーは少年の頃から自身の目標を二つに絞り込んでいた…それはギターを弾いて生計を立てられるようになることと、世界で有数のコンサート会場であるロイヤル・アルバート・ホールで演奏することだ。12歳にして定期的にB.B.キングの前座を務めるようになった彼は、順調に6弦楽器で身を立てるための道を進んだ。しかしその先の道はなかなか険しく、彼がギターを持ってロイヤル・アルバート・ホールのステージに上がるまでには、結果的に32歳という微妙な年齢まで待たなければならなかった。ロバート・ジョンソンの誕生日に生まれたことが彼の並外れたキャリアと関係があるのかどうか、はっきりとはわからない。古き良きソウルを継承する男だと彼を見込もうが、ブルースの未来を担う逸材だと期待しようが、またはその双方だと信じようが、真実はひとつだ。ジョーは私たちの世代で最もソウルフルで傑出したギタリストのひとりである。

1953 GIBSON ES-295

PHOTOGRAPHED: Los Angeles
August, 2010

ジョーは10年ほど所有していた1968年生まれのレス・ポール・ゴールドトップとトレードする形で、1953年のES-295と1968年のES-355を手に入れた。このようなネックの裏側の摩耗は決して珍しいことではない。ゴールドのフィニッシュは、最初に緑色に変化してから完全に剥がれ落ちて元の木の色に戻るというのが典型的な例だ。写真のギターはオリジナルのP-90ピックアップ、ゴールド・フィニッシュ、ピックガード、そしてトラピーズ・テイルピースまですべてオリジナルの仕様である。

JOE BONAMASSA
ジョー・ボナマッサ

"ギターにまつわる最高の思い出は何か?"とジョー・ウォルシュに尋ねれば、彼は初めてのギターであるシアーズ・ローバックの
シルヴァートーンが自宅に届いた日のことを語るだろう。"ギターにまつわる最悪の思い出は何か"とジョー・ウォルシュに尋ねれば、
こんな答えが返ってくる。"誤って木から落ちたときにレス・ポールのネックが折れたんだよ"。
この転落事故により、彼は少なくともいいギターを持って木に登ったりするものではないということを悟った。
これは恐らくギタリストが学ぶべき最も価値ある教訓のひとつだ。

JOE WALSH

ジョー・ウォルシュ（イーグルス）

PHOTOGRAPHED: Malibu CA
March 1, 2011
ASSISTED BY: Christopher Thomas

1958 GIBSON LES PAUL GOLDTOP

1958年7月に、ギブソンがゴールドトップ・フィニッシュの仕様をサンバーストに変更する以前に製造されたものであり、ことにジョーが妻からギフトとして贈られたというこのモデルは、コレクターが入手し得る中でも最も価格の高いビンテージ・ギターのひとつだ。

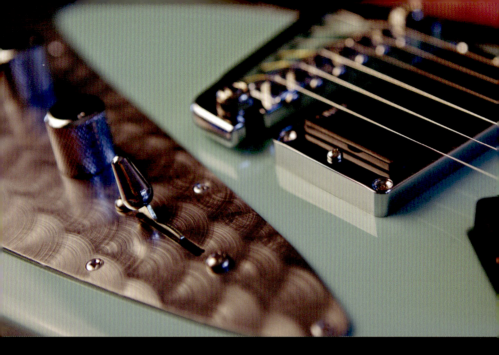

J. BACKLUND DESIGN — JBD-100 SERIES GUITAR

TVアニメの『宇宙家族ジェットソン』を彷彿とさせる、レトロかつ未来的な美学を備えたJ.バックランドのギターは、フェンダーやギブソンの標準的なデザインからは程遠い楽器だ。このシングルカッタウェイ・モデルの特徴は、パールのインレイ、2トーン・フィニッシュ、つや消しのスチール製ピックガード、斜めに取り付けられたEMGピックアップなど枚挙に暇がない。

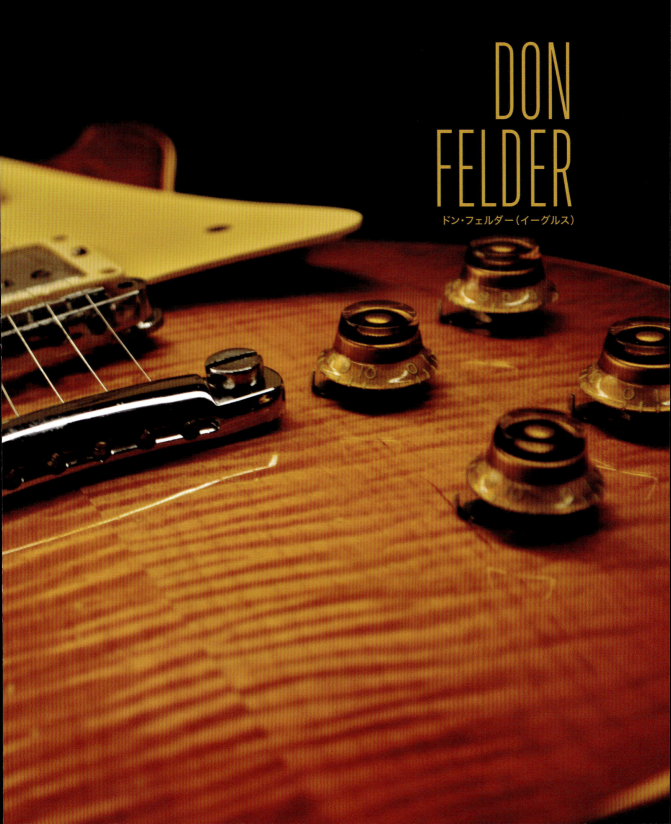

DON FELDER

ドン・フェルダー（イーグルス）

1959 GIBSON LES PAUL STANDARD

PHOTOGRAPHED: Gibson Guitar Corporation,
Custom, Art & Historic, Nashville
October, 2009

1959年製のレス・ポール・スタンダードは、エレクトリック・ギターの聖杯とされている。ドン・フェルダーは、ギブソン・カスタム・ショップから限定生産されたドン・フェルダー"ホテル・カリフォルニア"1959レス・ポールの雛形となった本物の59年製の撮影を、快諾してくれた。

写真で、オリジナルのハードケースやチューン・オー・マティック・ブリッジ、P.A.F.ピックアップが確認できるだろう。ドンはイーグルスの不朽不滅のアルバム『ホテル・カリフォルニア』に収録された自分のソロ・パートを、タイトル曲も含めてすべてこのギターでレコーディングした。 名曲「ホテル・カリフォルニア」に収められ

避けながら互いの持ち味を発揮するフレーズを展開した後、終盤で華麗に調和してクレッシェンドしながら一体化するという、歴代屈指のリード・セクションだ。$500,000(約5,500万円)というこのギターの価格には大抵の人は手が出ないだろう。だがドン・フェルダー1959のレプリカなら、たったの$10,000〜

JOHN THOMAS GRIFFITH

ジョン・トーマス・グリフィス（カウボーイ・マウス）

1990年にドラム＆リード・ボーカルのフレッド・ルブランと共に結成したバンド、カウボーイ・マウスのメンバーとして知られる
ジョン・トーマス・グリフィス（JTG）が最初に頭角を現したのは、レッド・ロッカーズのリード・シンガー兼ギタリストとして、
自身も曲作りに参加した「チャイナ」が1983年にMTVでヒットしたときだった。カウボーイ・マウスのライブを観る機会があった
飛びついてでも観て欲しい。その会場がニューオーリンズ・ジャズ・フェスティバルのステージであろうと、
あなたの近くの町のクラブであろうと、彼らは同じボルテージのエネルギーで魅了してくれることを確約する。
1999年、JTGはテキサス・ギターの殿堂入りを果たすことで、ビリー・ギボンズやエリック・ジョンソンと肩を並べた。

1998 MDX CUSTOM GUITAR — "BLUE ANGEL"

PHOTOGRAPHED: The Mint, Los Angeles
January 21, 2011
GUITAR TECH: Dwight Maddox

テレキャスターにインスパイアされたこの素晴らしい楽器のコンセプトの起源は、JTGがルシアーのドワイト・マドックスの店へひょっこり顔を出したという、カウボーイ・マウスのミシシッピ州ジャクソンでのギグの日に遡る。JTGはロイヤルブルーのスエードのクリーパーズ・ソールの靴を履いていた。ドワイトはたまたま青いスエードで覆われたレス・ポールを運んでいた。テレキャスターを探しているとJTGから聞いたドワイトは、ちらっとJTGの靴に目をやると、そいつとお揃いのスエードで飾りたてたテレを作ってやろう、とJTGに宣言した。かくしてドワイトは豪語したとおりの素晴らしい仕事を成し遂げ、JTGのクリーパーズ・ソールとギターは1枚皮のスエードで覆われているように見えた。エルヴィス・プレスリーからでさえ羨まれるのではないかと思えるほどオーナーと親交の深いギター"ブルーエンジェル"の12フレットには、JTGのイニシャルのインレイがある。

LEMMY KILMISTER

レミー・キルミスター（モーターヘッド）

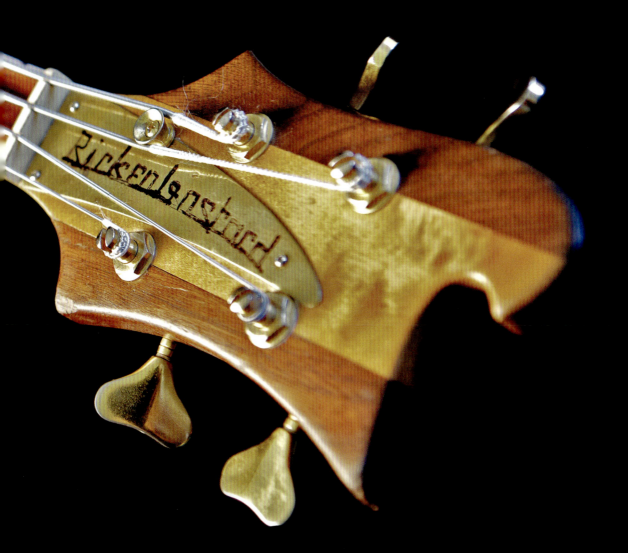

RICKENBACKER 4004LK — "RICKENBASTARD"

PHOTOGRAPHED: Malibu CA
May 28, 2011　GUITAR TECH: Tim Butcher

レミーはバンド仲間のフィル・キャンベルからの贈り物として、初めてリッケンバッカーの化身である"リッケンバスタード"を手にした。そのリッケンバッカー4001は、リアにギブソン・サンダーバードのピックアップを擁し、金属製のヘッドストック・プレートには——もうおわかりだろう——"リッケンバスタード"の文字が記されていた。時代が21世紀へ移り変わろうとしていた頃、リッケンバッカーはレミー・キルミスター・シグネチャー4004LKの限定版を製作した。全部で60本のバスタードが製造され、それぞれが精巧に手で彫られたウォルナットのトップ、白のチェックのバインディング、通常の4004が2つのところを特別に3つ搭載したピックアップ、ゴールドのハードウェア、ローズウッドのフィンガーボード付きフレットのメイプル・ネックという仕様だ。メーカーが付けた定価は＄1,795（約20万円）である。それに近い適正価格で販売されているものを見つけたら、迷わず購入して欲しい

PHIL CAMPBELL

フィル・キャンベル（モーターヘッド）

LAG ROCKLINE METAL MASTERS SERIES

PHOTOGRAPHED: Malibu CA
May 28, 2011
GUITAR TECH: Roger de Souza

こちらはフィルの20年来のメイン・ギターであり、特有のうなるような音色でモーターヘッドのサウンドの主要な部分を成してきた愛器、ラグのバックアップ・ギターだ。彼はラグを"いつだって俺の世界一のギターだ"と賞賛する。そのトーン、感触、信頼性……この完全なレプリカをバックアップとして備えてしまうのもそんな理由からだ。フィルのギター・テクは──フィルがステージ上で弾いている場合を除き──本物のラグを見た者は構わず始末せよと命じられている。

グランド・ファンク・レイルロードの中心人物だったことで知られるマーク・ファーナーは、グリーク・シアターのバックステージで私を出迎えると、大切なパーカー・フライのギターが置いてある場所までエスコートしてくれた。
信仰に厚い彼は、どの楽器にもマジック・テープで十字架のチャームを付け、キリストへの深い敬意を証している。
また、十字架を飾る幾何学的な模様は、マークの祖先であるチェロキー族の文化を思い起こさせる。

PHOTOGRAPHED: Greek Theatre, Los Angeles
August 4, 2011

MARK FARNER

マーク・ファーナー（グランド・ファンク・レイルロード）

MARK FARNER 1991 PARKER FLY — "BABY"
(ABOVE & PAGE 218)

自分の彼女への深い愛情を示すかのように"ベイビー"と名づけられたこの美しい6弦は、まさかパーカー・ギターズがUSミュージックに売却されるなどとは想像もしていなかった2003年に、ルシアーの巨匠ケン・パーカーの手によって生み出され、ビルダー本人の署名も入っている逸品だ。マークはグランド・ファンクの往年の名曲に直近の新作を交えて演奏する自らのバンド、N'rGを率いてベイビーと共に頻繁にツアーに出ている。

PARKER FLY (LEFT)

ベイビーのバックアップ用。色を除いて完全に同じ仕様である。

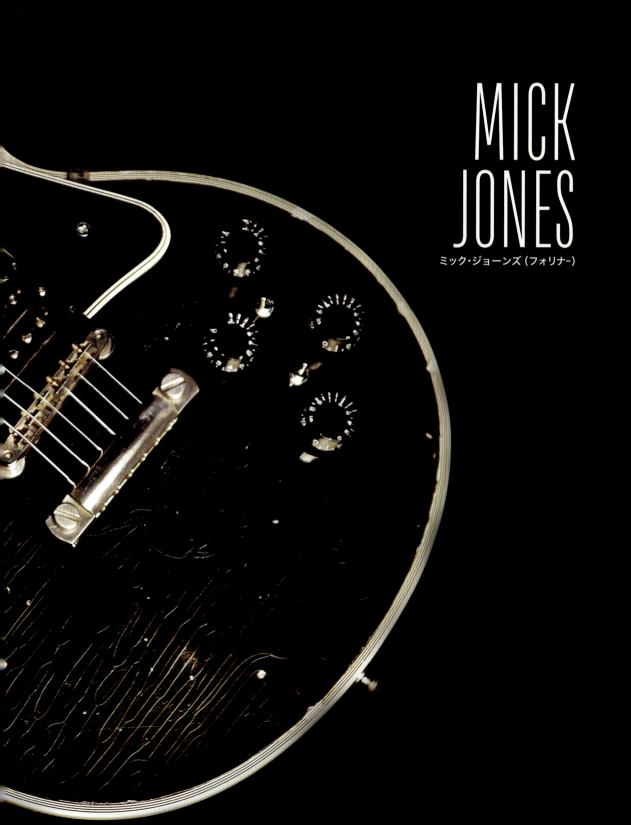

MICK JONES

ミック・ジョーンズ（フォリナー）

PHOTOGRAPHED: Las Vegas
April 28, 2011
GUITAR TECH: James "J.T." Taylor

1964 GIBSON J200 (PAGE 223)

(右ページ) ミックのフェイバリット・アコースティックである1964年のJ200。ゴージャスの一言。

2008 GIBSON MICK JONES LES PAUL CUSTOM
— 1958 REISSUE PROTOTYPE (PAGE 220-222)

ミックがフォリナーの1st及び2ndアルバムに使用した1958年製の黒いレス・ポール・カスタムは、スプーキー・トゥース、レズリー・ウエスト、ジョージ・ハリスン、エリック・クラプトン等、フォリナー結成前の彼が参加した数多くのセッション・ワークで使われてきたギターだ。オリジナルはすでに門外不出となってミックの自宅に保存されているのだが、この1958年のリイシュー——プロトタイプ#1——は未だ現役のプロだ。

1991 GIBSON LES PAUL STANDARD
— 1960 REISSUE

マーティ・フレデリクセンとミックの義理の息子であるマーク・ロンソンが共同でプロデュースしたフォリナーの2009年のアルバム『キャント・スロー・ダウン』で、ミックが黒のレス・ポール・カスタムと併用したのが、こちらの美しいタバコ・サンバーストである。

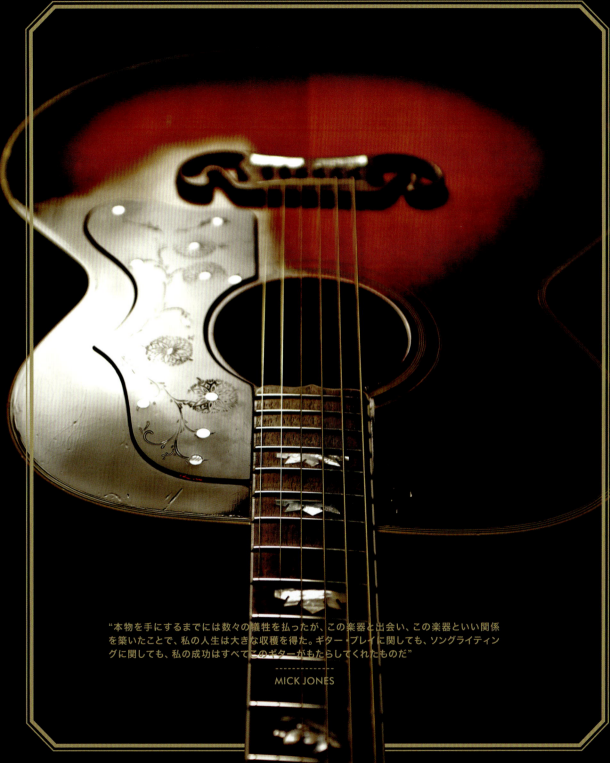

"本物を手にするまでには数々の犠牲を払ったが、この楽器と出会い、この楽器といい関係を築いたことで、私の人生は大きな収穫を得た。ギター・プレイに関しても、ソングライティングに関しても、私の成功はすべてこのギターがもたらしてくれたものだ"

MICK JONES

**2011 DEAN MS SIGNATURE FLYING V GUITAR
— "KALEIDOSCOPE"**

色彩豊かな布張りのソファから着想を得たというこのプロトタイプは、マイケルの白黒のシグネチャー・フライングVと打って変わり、カラフルなコントラストを描き出す。フレットボード中央部のデザインを"割れたガラスのようだ"と形容する人も中にはいるが、マイケルはこれを"万華鏡のファインダー"と呼んでいる。

MICHAEL SCHENKER

マイケル・シェンカー

キャップの下からブロンド・ヘアを覗かせた陽気な笑顔のマイケルは、彼の広大なリハーサル・スタジオへ続く階段を上る際、私に荷物運びの援助を申し出ると、自ら重いカメラ用のバッテリー・パックを背負ってくれた。心地よい汐風が吹き込むブライトンの海辺のスタジオで、私が機材のセットアップにいそしむ間、マイケルはここに掲載したそれぞれのギターについての逸話を語ってくれた。撮影の間、彼はリリース間近だったアルバム『テンプル・オブ・ロック』収録の火傷をしそうなほどに熱いナンバーに加え、SFテレビドラマ『スタートレック』の初代カーク船長、ウィリアム・シャトナーが"語り"を担当した「イントロ」までも特別に私に聴かせてくれた。その日の午後の私は、ギター・ワールド誌の"史上最高のヘヴィ・メタル・ギタリスト100人"のひとりに認定されたアーティストから手厚くもてなされ、存分に彼の世界観に浸るという光栄に預かったのだ。

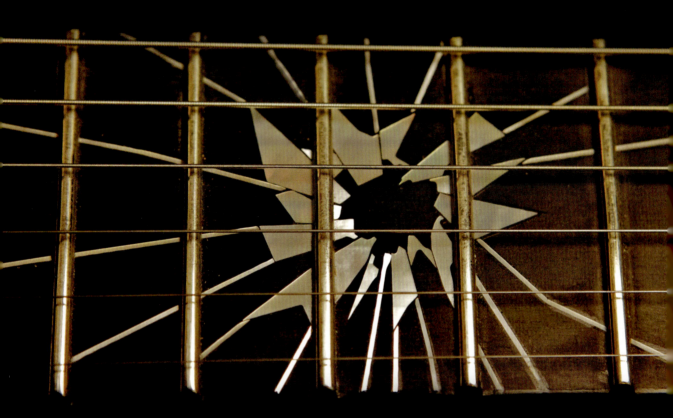

PHOTOGRAPHED: Studio 284, Brighton England
July 1, 2011

2004 DEAN MS SIGNATURE FLYING V GUITAR — "B&W" (PAGE 227)

(右) マイケルは恐らく、自分名義のモデルの中で最もよく知られたフライングVに関しては厳格なカラー戦略を貫き、ギブソン製だろうとディーン製だろうとブラック&ホワイトに限定した生産を続けてきた。このギターは、特殊効果を狙った (ギターの底部、V字型テイルピースの下の)"ハウラー"という金属パーツと、マイケル・シェンカー・グループ30周年2010のマグネットを特徴としている。

**2011 DEAN MS SIGNATURE FLYING V GUITAR
—'"STRANGERS IN THE NIGHT"**

このギターは、1978年のワールド・ツアーでライブ・アルバム『Strangers in the Night』をレコーディングしたUFOの黄金時代へのトリビュートだが、コラージュされたスコーピオンズやMSG所縁のロゴやデザインを深読みする必要は一切ないのだという。また、ギターのフレットボードに埋め込まれた釘は、あたかもヘヴィ・メタル関連の楽器だということをより明確に主張しているようで興味深い。

BRUCE SPRINGSTEEN
ブルース・スプリングスティーン

THERE COULD NOT HAVE BEEN A MORE APPROPRIATE TIME TO PHOTOGRAPH THE GUITAR MOST IDENTIFIED WITH SPRINGSTEEN.

スプリングスティーンのイメージと直結しているこのギターを
撮影するのに、これ以上最適なタイミングはなかっただろう。

何十年間もアメリカの労働者たちの奮闘と功績を音楽で称えてきたスプリングスティーン。彼のイメージと直結しているこのギターを撮影するのに、これ以上最適なタイミングはなかっただろう。レイバー・デー（労働者の日）の（9月第1）週末だった。政党大会の季節が幕を開け、共和党も民主党も、現役で働く男女の関心事に同調して票を獲得しようと躍起になっていた。

国立憲法センターが主催し、ロックの殿堂が監修したスプリングスティーン展は、私が撮影に訪れたときにはすでに終了していた。この有名なフェンダー・エスクワイアが展示されていたプレキシグラスのケースを4人の技術者が慎重に取り外してくれたお陰で、私はここに掲載したとおりの接写を実現できた。

1ヵ月前にロサンゼルスでスプリングスティーンのライブを観た私の心はその時点で満たされていたが、たとえ最もカジュアルなファンであろうとも、この楽器に刻み込まれた幾多の傷や汗染みを間近で見たら、その場にブルース・スプリングスティーンを感じずにはいられないはずだ。

1953/1954 FENDER ESQUIRE

PHOTOGRAPHED: National Constitution Center, Philadelphia
September 5, 2012

　一度、廃棄処分となったこのギターは、熟練ルシアー／エンジニアのフィル・ペティージョの手によって生まれ変わり、$180(約2万円)でスプリングスティーンに売却された。このギターは、70年代から80年代にかけてスプリングスティーンと共にステージングに明け暮れ、結果としてロックンロールの頂点に立ち、歴史上最も有名なエスクワイアのひとつとなった。本器は数々のスプリングスティーンのアルバム・ジャケットに登場しているのだが、中でも最も有名な『明日なき暴走』では別のピックガードを装着して写っている。

　長年の間にギターは大いなる変化を遂げたが、それに伴いパーツの組み合わせに関する矛盾点も指摘されている。1953〜54年頃のエスクワイアのボディには、フロント・ピックアップ用に工場でルーティングされたキャビティがある。Vシェイプのネックはヘッドのデザインからみて50年代後半のエスクワイアであることを示唆している。主な特徴はペティージョ・カスタム・ピックアップ、ペティージョ・フレット、チタン製のブリッジ・サドルとジャックプレート、アルミ製のペティージョ・ストリングツリー等だ。たとえ外部の者が"エスクワイア"と呼ぼうが"テレスクワイア"と呼ぼうが"パートキャスター"と呼ぼうが、スプリングスティーンにとっては、単なる寄せ集めギターにとどまらない特別な彼女であることが、すでに立証されている。

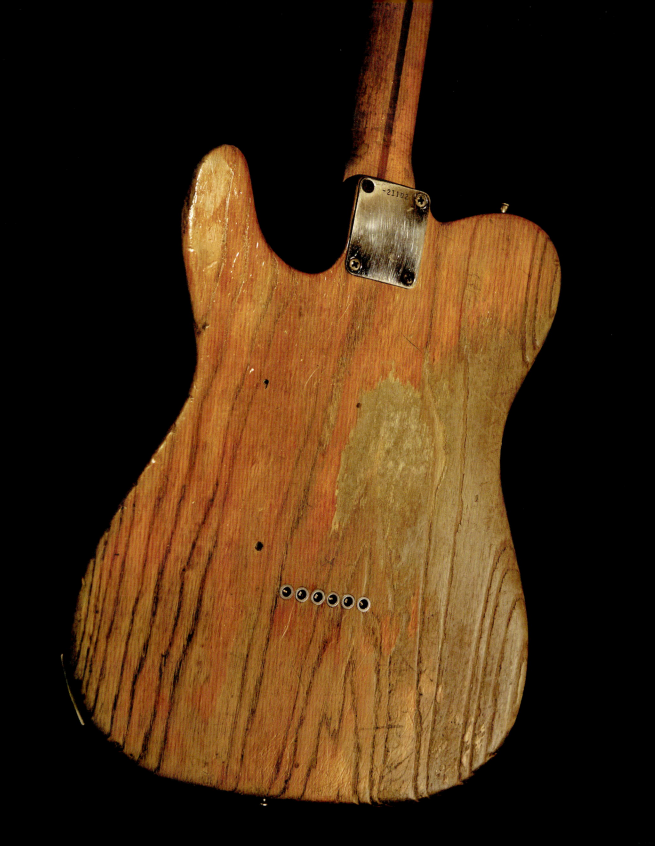

NILS LOFGREN

ニルス・ロフグレン

PHOTOGRAPHED: Home of Nils & Amy Lofgren
August 30, 2011

1960s FENDER TELECASTER

ブルース・スプリングスティーンやニール・ヤング、クレイジー・ホースのサポートなどで知られるニルスが、60年代半ばに購入した初めてのギターである。ジェフ・ベックがプレイしているのを見て、彼はテレキャスターが欲しくなったという。ギターのオリジナルのラッカー・フィニッシュを剥がしてボディを現在のような色に染めた後、ニルスは母親に頼んでカーテン生地を利用したネルのジャケットとベルボトムのパンツを作ってもらった。そして余った端布でピックガードを飾ったり、好きな形のモチーフを切り取っ

THE MAGICAL NUMBER 108
108のナンバー・プレート

　GPSを駆使しても僕の家を見つけるのは難しいと思うよ、とニルスは私に忠告した。彼の言ったことは間違っていなかった。

　宇宙の彼方の人口衛星からのナビゲーションにより、何度も違う道へ迷い込んでうんざりした私は、とっさに目の前の車についていくことにした。ナンバー・プレートの末尾が奇跡の108だということ以外は一見なんの変哲もない車だったのだが、『108 ROCK STAR GUITARS』の撮影へ向かう途中で方角を見失った私にとって、タイトルの数字をはっきりと表示した車が目の前に現れたという事実は、単なる偶然ではないように思えたのだ。

　その車の行く末に目指す場所があるのではないかと期待したものの、案の定、堂々巡りを繰り返していた曲がり角へ戻ってしまった私が半ば諦めの境地に達したそのとき、私の身を案じたニルスが電話をくれた。彼はサボテンと多肉植物に囲まれたのどかな砂漠の風景の中に位置する自分の屋敷への残りの道順を私に説明した。

　ニルスの妻エイミーがコーヒーを用意して私を待っていてくれた。その一杯でリフレッシュした後、ニルスと私はスタジオに改装されたガレージに引きこもり、彼が大切にしている貴重なギターの撮影を行なった。

1952 GIBSON LES PAUL

1961年の"ウッド・ストラト"（後述）を見つけたのと同じバークレーの質屋からこのギターを購入した当時、ニルスが支払った金額は＄800（約8万6千円）だった。ニール・ヤングがギター・テクのラリー・クラッグに依頼してビグスビーのビブラートを取り付けた時点でオリジナルの仕様ではなくなったが、それでもこのギターには今や何万ドルもの値がつくことだろう。

1961 FENDER STRATOCASTER — "WOOD STRAT"

1969年、ニルスはこの美しいストラトキャスターをカリフォルニア州バークレーの質屋で＄600（約6万5千円）という価格で手に入れた。そのとき彼に同行していたのがニール・ヤングのプロデューサー、デヴィッド・ブリッグスだ。このギターにはビル・ローレンスのピックアップとアレンビックのストラトブラスターが装備されている。標準的なプラスチック製のボリューム・ノブは、MXRのエフェクターから取ったゴム製のやや大きめなノブに付け替えられている。ニルスの手が演奏中に汗まみれになっても、ゴム製のノブなら簡単にギターの音量を調節できるそうだ。

CUSTOM PARLOR GUITARS

この工芸品のような素晴らしいギターは、シカゴ在住のスペイン人家族のために作られたものだ。ひとつは1894年製、もうひとつは30年代製で、後者のギターと同じ30年代に作られたワニ皮のケースに一緒に収まっている。ニルスはシカゴの大手楽器店を通じて、差し迫った事情のためにこのギターを売ることを余儀なくされた元の所有者の子孫からセットで購入した。そのときニルスは気前よく支払いを行なったのだが、ニルスと友人でありEストリート・バンド(スプリングスティーンのバックバンド)の仲間のガリー・タレントの手によりギターとカスタム・メイドのケースが持ち去られる際、売り手は涙を堪えきれなかったという。

EARLY 1960s MARTIN D-18

このギターはかつてニール・ヤングの所有物で、アルバム『アフター・ザ・ゴールドラッシュ』のライナー・ノーツには写真も掲載されている。弱冠18歳のニルスは同アルバムの参加ミュージシャンとして雇われた。アルバムのレコーディングが完了したとき、若きギタリストがアコースティック・ギターを持っていないことを知っていたニールは、次のプロジェクトでも一緒にプレイするために必要なものだからと言い、個人的なギフトとしてこの楽器をニルスに贈った。今もニールの名前が残るケースには、バハマの"検査済手荷物"のステッカーが貼られたままだ。

239

1968 GIBSON LES PAUL CUSTOM

PHOTOGRAPHED: February 13, 2011
GUITAR COURTESY OF: Rick Tedesco, Guitar Hangar

このレス・ポールはミックの生涯のメイン・ギターであり、彼がデヴィッド・ボウイやモット・ザ・フープルの仕事で使った6弦はこれ1本だけだ。当初は黒一色だったが、音が良くなると信じた彼は、フィニッシュをヤスリで取り除いて白木のトップに変えた。ツアーで使用する楽器にはつきものなのだが、この楽器もそれ相応のダメージを受け、ある時点でヘッドの一部が欠け落ち、リペアの際には残った部分に別のヘッドを接合するという方法が取られた。右ページでギターと共に写っているのはミックが最後に使った弦とギター・ストラップである。

MICK RONSON

ミック・ロンソン

1980年代終盤、ミックはこの1968年製レス・ポール・カスタムをオーストラリアのシドニーにあるハード・ロック・カフェに寄贈した。この娘は2000年にコレクターのリック・テデスコに買い戻されると、ロックの殿堂で訪れた人々に賞賛され続ける2年間を過ごしてから、リックの庇護のもとへ帰っていった。とある厳冬の日にニューヨーク・シティまで彼女を訪ね、今さっきまでミックと一緒だったような彼女の幸せそうな佇まいを目にした私には、1993年に彼が早世したことがまるで嘘のように感じられた。ミックは、今でも多くの一流ギタリストから愛され、リスペクトされている。そして彼の最も有名なこの楽器は、ギタリストたちが崇拝する対象でもある。2003年のチャリティー・イベントの様子をリック自身はこのようにリポートした。デフ・レパードのフィル・コリンは慎重に"まるで聖杯にでも触れるかのように、彼女を両腕に抱きしめる"と、心を通わせるために少し間を置いてから、「ジギー・スターダスト」を演奏し始めた。

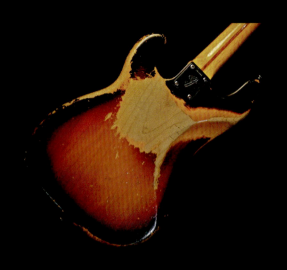

TREVOR BOLDER

トレバー・ボルダー（ユーライア・ヒープ）

1971 FENDER PRECISION BASS

PHOTOGRAPHED: The Key Club, Los Angeles
August 18, 2011

トレヴァーは地元の音楽新聞の広告に出ていたこのベースを新品で購入した。以降、この楽器は彼がデヴィッド・ボウイのバッキング・バンドだったスパイダース・フロム・マースで過ごした日々から現在に至るまで、すべてのライブ演奏で彼のオンステージ・メイトだった。このベースは数ある楽器の中でもかなり味のあるすり減り方をしている。ゾクゾクするほど、私に写真を撮る喜びを感じさせてくれる逸材だ。

RICK DERRINGER

リック・デリンジャー

2011 WARRIOR CUSTOM SHOP

PHOTOGRAPHED: Dallas Guitar Show   April 15, 2011

リックがウォーリアーのギターを弾き始めたのは2002年のことだ。これは樹齢200年のスポルテッド・メイプルの単板から作られたギターである。ブラジル産ローズウッドに真珠層のインレイをあしらった1ピースのフレットボードが、この6弦を弾く喜びを大きくしてくれる。

初めてダラス・ギター・ショーを訪れた私は、その初日にウォーリアー・インストゥルメンツのブースでリックに会った。技術系のスタッフはまだ準備に追われ、限られたスペース内では人々が忙しく動き回っていたが、たとえ自前の黒いベルベットの背景幕が頻繁にブースのカーペットと間違われようとも、私はリックのゴージャスなギターの美しいショットを狙わずにはいられなかった。それから私は、バンドを率いた彼がそのギターを使い「ハング・オン・スルーピー」や「ロックンロール・フーチー・クー」を含め、数十年を股にかけたヒット曲をプレイするステージを野外で楽しんだ。

SCHECTER CORSAIR SIGNATURE GUITAR

このギターのグラフィックは、パール・トンプソンの腕と手を彩るタトゥーの延長である。彼が楽器を手に取るたびに、2つは1つになる。パールの体のアートとギターのアートが組み合わさって、新たに大きな絵を作り出す。トラスロッド・カバーにはパールのサインの刻印がある。ギターのグラフィック・アートはパールの友人であるイギリス人アーティスト、ケヴ・グレイの許諾を得て転載されたものだ。

I WAS SURPRISED BY MY HOST'S CHARM, HUMILITY, AND INTELLIGENCE.

家主の魅力や謙虚さや知性に嬉しい驚きを覚えた。

パールはお香の香りが充満した "HAPPY MEDIUM（妥協点）" という粋な名前のハウスボートで私を歓迎してくれた。

実は、ステージ上でウィッグやメイク、作り込んだ衣装を必要とするような人との対面にさほどの期待をしていなかった私は、家主の魅力や謙虚さや知性に嬉しい驚きを覚えた。キュアーの初期メンバーであり、卓越したミュージシャンであるパールは、その6弦プレイの腕前を買われてジミー・ペイジやロバート・プラントのプロジェクトに引き抜かれた。また、画家としても優れた才能を発揮する彼は、キュアーのシングルやアルバムのアートワークの健全な部分を担当しているParched Artの共同設立者でもある。

PHOTOGRAPHED: Shoreham-by-Sea UK
July 1, 2011

CUSTOM PT SCHECTER

日本を旅していたパールは地元の料理を楽しんだ後、食物が引き起こす幻覚症状を体験した。翌朝ホテルの部屋で目を覚ますと、このギターのグラフィック・アートのタトゥーが背中いっぱいに広がっていたのだという。

長年所有してきたギターの中でランディが一番撮影を望んだのは、ロックの殿堂に展示されている1959年製のレス・ポールだった。こうして私はこの有名なホールを初めて訪れた。ランディが「These Eyes」ほか、ゲス・フーとバックマン・ターナー・オーヴァードライヴのディスコグラフィーに輝く数多くの作品のレコーディングに使用したことを承知の上で言わせていただこう。私にとっての"「アメリカン・ウーマン」ギター"、なかなかいいショットを何枚も撮ることができたことを嬉しく思う。

RANDY BACHMAN
ランディ・バックマン

1959 GIBSON LES PAUL

PHOTOGRAPHED: Rock and Roll Hall of Fame, Cleveland OH
September 20, 2011

1968年、ランディはカナダのナナイモでギグに臨んでいた。愛用のギターが修理に出されて手元になかったため、彼はモズライトで演奏していた。バンドが最初の曲を演奏し始めたとき、茶色いギター・ケースを持った少年がステージの前に現れた。ケースの中には工場でビグスビーが取り付けられた1959年製のサンバースト・レス・ポールが入っていた。その子はランディのモズライトを指さし、それからレス・ポールを指さした。曲の途中でギターを交換するなどというのはかなりイカレた行為なのだが、ランディがモズライトのプラグを抜いてレス・ポールにストラップをかける様子を彼のバンド・メイトたちは困惑した表情で見守った。ビグスビーを装備したギターはチューニングが合わせにくく、ランディがレス・ポールをまともに演奏できる状態にするまでに数分を要した。しかし乗り越えてしまえば、そこからのギグは天国だった。ギターは夢のように弾きやすかった。

終演後、ランディは一生のいい思い出になったという感謝の言葉と共に、うら若きオーナーに楽器を返却しようとした。すると少年は"トレードする気はないの？"ともちかけてきた。"僕はトレード成立だと思っていたんだよ"。ランディは唖然とした。少年はテレビで──ゲス・フーのメンバーである──ランディがモズライトを弾いている映像を観て、おじさんの古いレス・ポールの代わりにモズライトが欲しくてたまらなくなったのだと打ち明けた。"これはフェアな取引にはならないよ"とランディは反論したが、その子は頑固だった。取引価格の格差を少しでも埋めるために、ランディはポケットに入っていたすべてのキャッシュ──72ドルと小銭──を少年に手渡した。

1959年のサンバーストのレス・ポールは近年では100万ドル（約1億円）以上の価値があるとされている。

251

REEVES GABRELS

リーヴス・ゲイブレルス（キュアー）

FERNANDES JAGUAR-STYLE BODY WITH 1967 FENDER TELECASTER NECK

PHOTOGRAPHED: The Family Wash, Nashville
October 14, 2009

フェルナンデスがリーヴスのために6弦を作りたいと申し出てきたので、彼はとても喜んでそのオファーを受け入れた。自分の好みに合わせて作られたグリーンのジャガー・スタイルのフェルナンデスを事前にテストした彼は、同じものを赤で要求した。年月が過ぎ、ギターのフィニッシュが剥がれ落ちてきたとき、実は自分がフェルナンデスから与えられたのは最初にテストしたグリーンのジャガー・スタイルの楽器だったということをリーヴスは知った。赤く塗り替えられていただけだったのだ！　このギターにはフェルナンデス・サスティナー・ピックアップ、及び素早く切り替えるとスタッカート効果が得られるキルスイッチが装備されている。1967年製テレキャスターのネックはリーヴスの妻からのクリスマス・プレゼントであり、写真のストラップは90年代の初頭にフリー・マーケットで見つけたものだ。

撮影の翌日、リーヴスから"かつてレス・ポールは私にこう言った。「女性とはギターと気の利くバーテンダーを足して2で割ったような生き物だ」"という一文が送られてきた。レスは本当にこういう例え話に長けた人だった。

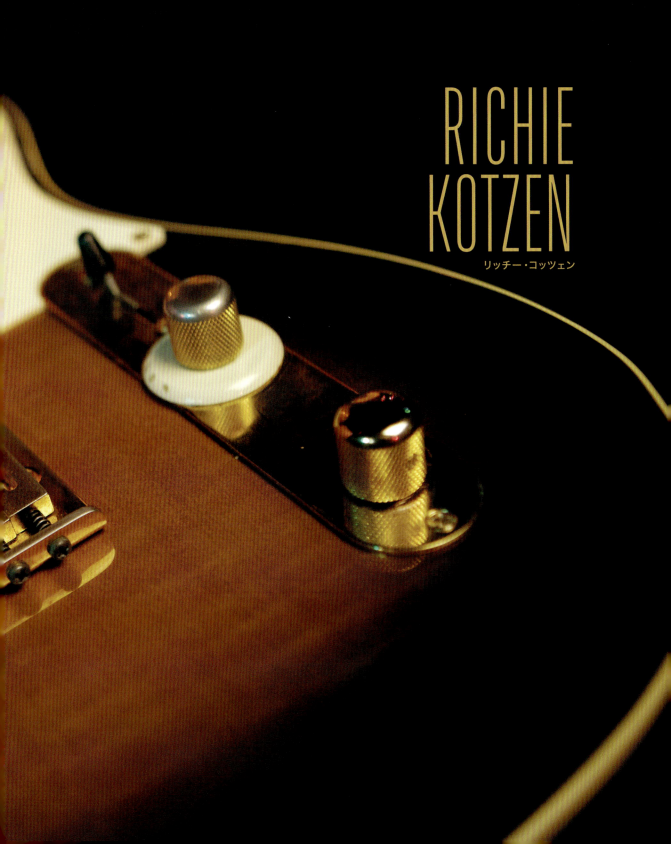

RICHIE KOTZEN
リッチー・コッツェン

リッチーのシグネチャー・テレキャスターは、かっこいいスポーツカーを連想させる。見ていて惚れ惚れするし、スピード重視の作りが素晴らしいハンドリングを提供している。ロサンゼルスで開催された最新作『24Hours』のVIP向けショーケースにリッチーを観にいった私の目は、この愛すべき名器のフレットボード上をものすごいスピードで正確に動き回るリッチーの左手に釘付けになった。まるでお気に入りのポルシェでトラックを疾走するドライバーのようだった。

TLR-155 CUSTOM SIGNATURE FENDER TELECASTER

PHOTOGRAPHED: Los Angeles October 23, 2011
GUITAR TECH: Lineu Andrade

これはTLR-155として生産された最初の1本なのだが、オリジナルのネックが折れたため交換せざるを得なかった。このギターはフレームラミネート加工されたアッシュ・ボディ、キルテッドメイプルのトップ、アバロン（メキシコ貝）のドット・インレイが施されたメイプルのネック、そして最速で正確なドロップDチューニングを可能にするヒップショットGT2エレクトリック・エクステンダーを特徴としている。リアのピックアップはチョッパーT、フロントのピックアップはディマジオTwang Kingだ。ボリューム・ノブはプッシュ／プルのミュート・スイッチを兼ねている。

演奏中のリッチーは聴衆を煩わせることなくチューニングができる。しかもボリューム・ノブの土台を囲む白いナンバー・プレートが点灯する仕組みなので、暗いところでも正確にギターのレベルを確認できる。2番目のノブはトーンではなくフェイズ・コントロール……つまりピックアップの極性を調整するためのダイヤルだ。

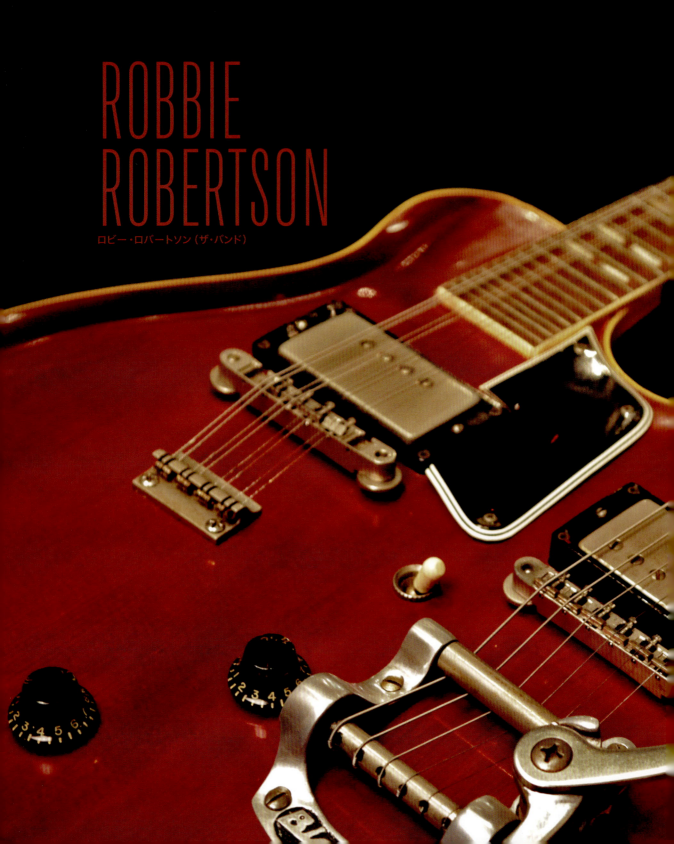

ROBBIE ROBERTSON

ロビー・ロバートソン（ザ・バンド）

1961 GIBSON EMS-1235 DOUBLE NECK

EMS-1235はソリッド・ボディでもレアなのに、このようなホロウ・ボディはさらに希少なバージョンだ。ザ・バンドの解散コンサートを記録したマーティン・スコセッシ監督の1976年の映画『ラスト・ワルツ』では、ロビーがこのダブルネックのマンドリンを演奏している姿が見られる。

私はザ・バンドの音楽を聴いて育ったため、初めてロビーに会うことになったときは緊張したが、彼の優しさと謙虚さに触れて、私の心はすぐに和んだ。彼に案内されて入ったレコーディング・スタジオのライブ・ルーム内部の壁は、ロビーのギター・コレクションが並ぶ壮観な眺めだった。そこから選んだ自分のフェイバリットの楽器を取り外して私に手短に説明した後、スタジオのコントロール・ルームへと退いた彼は、そのあと何度も何度も防音ガラスの窓から私の撮影が順調に進んでいることを確認していた。ミュージシャンに限ったことではないが、絶えず創作に没頭し、かつての自分の仕事を超越しようと邁進し続けるロビーのようなアーティストを私は尊敬し賞賛する。彼の出身地が私と同じカナダであることも重ねて誇りに思う。

PHOTOGRAPHED: Los Angeles
August 27, 2010

LATE 1930s RICKENBACHER ELECTRO LAP STEEL

ロビーはこのラップ・スティールの見た目と同等に、このサウンドが非常に気に入っている。"ここに載っているピックアップには、誰が持ってるどんなギターのピックアップも敵わない" と、彼は1987年にミュージシャン誌に語った。"このピックアップが増幅する音のパワーにアンプがむせび泣くんだ！"

1927 MARTIN 000-45

この暖かく魅力的な楽器は、エリック・クラプトンがオープニング曲を含む数多くのトラックにゲスト参加したことが話題となった、ロビーの2011年のソロ・アルバム『ハウ・トゥ・ビカム・クレアヴォヤント』のレコーディングで重要な役割を果たした。

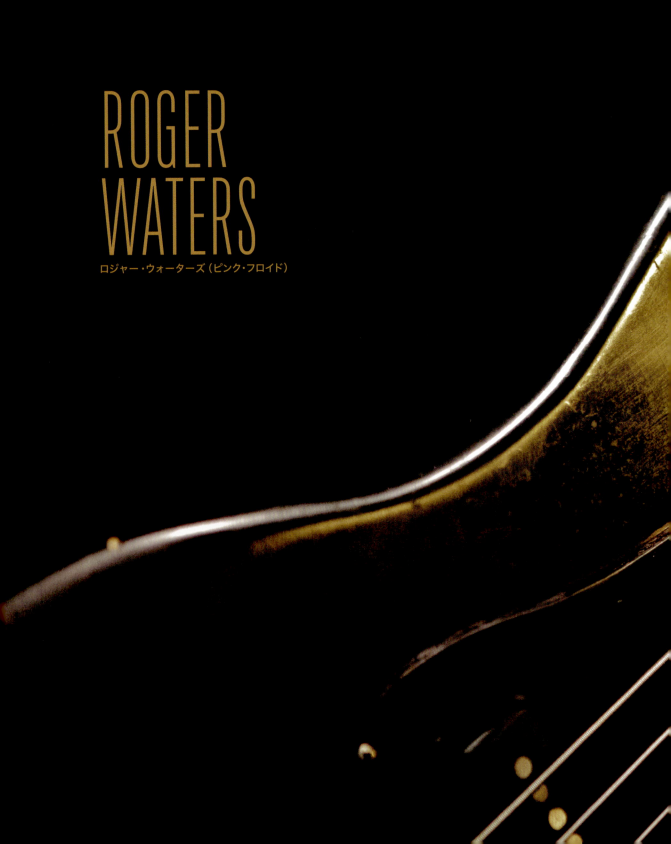

AFTER SOUNDCHECK I WAS PRESENTED WITH ROGER'S BASS, STILL WARM FROM HIS TOUCH.

サウンドチェック終了後、まだロジャーの温もりが残るベースが、
ついに私の撮影のために解放された。

ギリシャのアテネ。華氏100度（摂氏で約38度）を超す蒸し暑い昼下がり。夜に開催されるコンサートのために、早くも集まったファンたちがオリンピック・ホールのドアが開くのを待っていた。

私が到着したとき、ロジャーと彼のバンドはサウンドチェックの真っ最中だった。『ザ・ウォール』の映像がステージ上部と背景のスクリーンに映し出され、ミュージシャンたちがライブで奏でる大音量とシンクロする中、ロジャーは

ショーで共演する地元の子どもたちのコーラス隊に愛情を込めて優しく指示を出していた。

サウンドチェック終了後、まだロジャーの温もりが残るベースが、ついに私の撮影のために解放された。機材に必要な電源を確保するためのアダプターがなかったので、私はザ・ウォールの真下にあたる、ステージ下に積まれた楽器運搬用のハード・ケースの上に立ち、ひとつの裸電球の灯りを頼りに写真を撮る羽目になった。

**1970s FENDER PRECISION BASS
— "THOROUGHBRED"**

PHOTOGRAPHED: OAKA Arena/Olympic Indoor Hall
Athens Greece　July 8, 2011

1979年のリハーサル期間にこのベースを初めて手に取ったロジャーは、1980年に『ザ・ウォール』の初回ツアーが終わるまで片時も手放さなかった。彼は黒の油性ペンを使って、ピックガードの白い縁をベースの黒一色の配色に合わせて塗りつぶした。セイモア・ダンカンのピックアップに追加で巻かれた電線が、トーンに更なるパンチを加えている。

TED NUGENT
テッド・ニュージェント

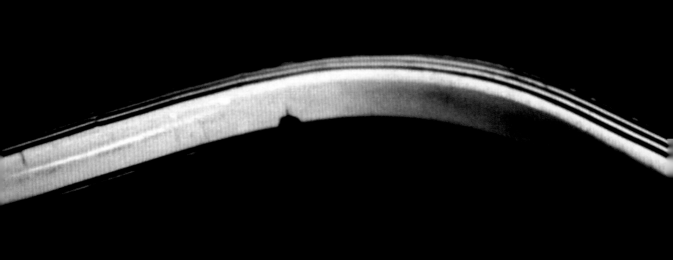

私は常々、テッドのような破天荒な人物像は、何らかの形で自身のギターにもそのような痕跡を残しているのではないかと考えてきた。
マンダレイ・ベイの楽屋で出会った彼の楽器たちは、そんな私の期待を裏切らなかった。 テッドはナイフを使って
ひとつひとつの楽器に自分の名前を刻み込んでいただけでなく、すべてのギターからピックガードを取り外していたため、
ギターのトップはステージでの使用と長年の汗染みにより、ひどくすり減っていた。1枚のトーストの上にイエス・キリストの姿を
見る人もいるというが、私は、使い込まれた2本のバードランドと1本のレス・ポールに、テッド・ニュージェント像を見た。

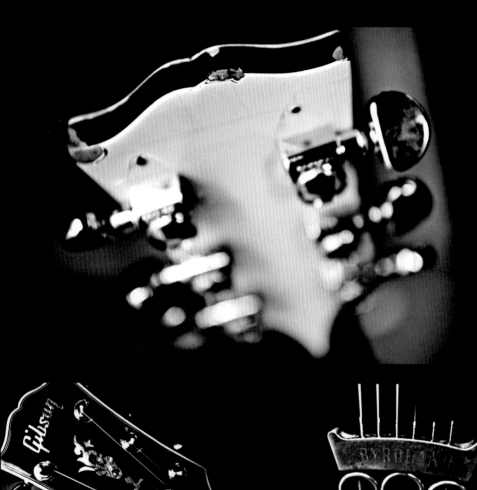

1961 GIBSON BYRDLAND

PHOTOGRAPHED: Mandalay Bay,
Las Vegas
March 17, 2000
GUITAR TECH: Bill "Ripp" Mays

そもそもバードランドというのはナッシュヴィルのスタジオ・ミュージシャンに向けて設計された楽器である。ギブソンはよもやテッドのような男が悪びれる様子もなくこの楽器を好んで使って、時代を超えたワイルドなロックを創出するなどとは夢にも思っていなかっただろう。

1959 GIBSON LES PAUL

60年代初期のバードランドを弾くことが多いテッドも、たまに1959年のレス・ポールを手に取ることがある。もちろんテッドが自分自身を好きでたまらないのは相変わらずだが、これはそんな彼のお気に入りのギタリスト、ビリー・ギボンズからの贈り物だ。

1962 GIBSON BYRDLAND

"30年間使い倒せばここまで擦り減るってことだ"…… 当時テッドのギター・テクだったリップは、摩耗してでこぼこになった1962年製バードランドのスプルース・トップについてこう言及した。テッドはアンボイ・デュークス時代からこの名器を操っている。ギターに刻まれた彼の名前の横の#4は、彼が購入した4本目のバードランドという意味だ。3代目までのバードランドは、アンボイ・デュークスのトレーラーが火事に見舞われたときに消失してしまった。

PHOTOGRAPHED: Tom Morello's Home
May 31, 2011
ASSISTED BY: Michelle Fisher

ST. GEORGE GUITAR — "CREAMY"

トムはカナダの質屋で購入したこのギターを──当初はゴヤのレンジマスターのようなギターに改造するつもりで──リアのピックアップをディマジオに載せ替え、下部の突起部分にキルスイッチを付けたところ、そのスイッチをカチカチと動かすとハチドリの羽音のようなサウンドが得られるようになった。この"クリーミー"はレイジ・アゲインスト・ザ・マシーン（RATM）の「カーム・ライク・ア・ボム」のライブ・バージョンで毎回のように活躍してきたギターだ。

私はここに紹介したトムのギターはどれも大好きであり、いずれも彼のダイナミックな人柄やその器の大きさを
反映していると思っているが、もし撮影したいギターをひとつだけ選べと言われたら、
迷わず"ARM THE HOMELESS"を選んだだろう。
最も彼のイメージと結びつくこのギターそのものが、独自の芸術的観点に立った彼の音楽と同レベルのアートだと捉えている。
体制を覆そうと聴衆に声高に呼びかけるメッセージと、愛嬌のある手描きのカバとのミスマッチがたまらない！

MONGREL CUSTOM — "ARM THE HOMELESS"

1986年、ハリウッドのカスタム・ショップで大枚を叩いてこの楽器を購入したトムは、"世界で最もヤバいギター"を作り上げるべく、その後数年をかけてピックアップ、エレクトロニクス、トレモロ・システム、ネック等を交換しまくり、何度も何度もパーツを交換し続けた結果、オリジナルの仕様はボディ以外何も残っていない状態となった。やがて、このギターは自分が頭の中に思い描いたようなサウンドは決して出してくれないと悟ったトムは、クレイマーのコピー商品であるグラファイトのネックに、EMGのピックアップにアイバニーズのエッジ・トレモロという取り合わせに妥協点を見出した。発想の転換を余儀なくされた彼は、ギターが物理的に出してくれるサウンドから好みの音楽を作るという手法に切

り替えたのだ。言い換えれば、必要は発明の母であり、ここで言う発明とはそのとき音楽シーンで数十年ぶりに彼が生み出した革新的なギター・ソロを指す。ギターのビジュアルに関して、トムはイラストといったら唯一このカバの絵しか描けない。ロサンゼルスのサンセット・ストリップにあるウィスキー・ア・ゴー・ゴーでのRATMのギグの前の晩に、彼は愉快なカバの絵とは対照的な"ARM THE HOMELESS（ホームレスを武装させよ）"という勇ましい状況主義的スローガンをボディに走り書きし、ギター上に面白いギャップを作り出した。ギターの弦の張り方が普通と逆向き（ボールエンドがヘッド側にある）ということにも注目して欲しい。トムは演奏中にヘッドから弦の端についた金属の輪がぶらぶらと揺れるのを見るのが好きなのだ。ちなみにギターのスローガンは撮影直前にトムの手で補修された。

"ギターが俺の奴隷だなんて思ってないよ。だから無理に働かせることはしない。むしろ仲間っていう感覚だね。奴は俺の言い分を聞いてくれる。俺もギターの言い分を聞く"

TOM MORELLO

1982 STANDARD FENDER TELECASTER — "SENDERO LUMINOSO"

トムの挑発的なアートが施されたこのテレは、RATMでもオーディオスレイヴでもドロップDチューニングの曲で広く活用されていた。

FENDER AERODYNE STRATOCASTER — "SOUL POWER"

ブラックのボディにホワイトのバインディング、そのカラーにマッチしたヘッド、シルバーのピックガード。この改造ギターにもトムのその他のギターの例に漏れずアイバニーズ・エッジ・トレモロが装備されている。下のホーンに増設されたキルスイッチは、ギターの信号がアンプに届くのを阻止し、カスタマイズ可能なトレモロ・エフェクトを無限に与え続ける。非公式ながらモレロの商標のようなものである。

SALVADOR IBANEZ CLASSICAL ACOUSTIC/ELECTRIC GA60SCE — "WHATEVER IT TAKES"

ナイトウォッチマンとして稼動するときのトムのメイン・ギターであり、自分の音楽が社会的不公正に抗議する群衆と共鳴することを望む彼にとっての理想的なパートナーだ。スプルースのトップ、マホガニーのバックとサイド、ローズウッドのフレットボード、オンボード・ピックアップ、4バンド・イコライザーを特徴とする。

STEVE MILLER
スティーヴ・ミラー

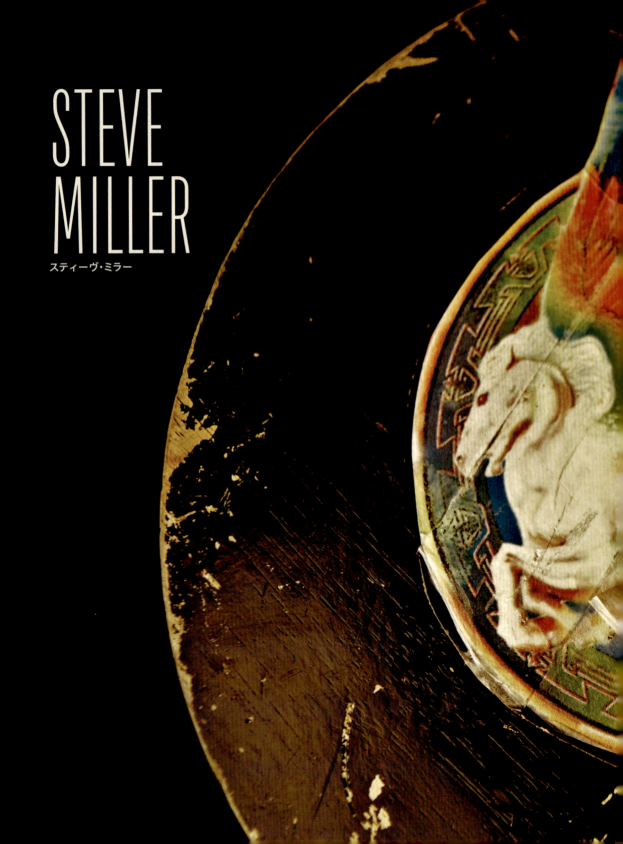

幼少の頃からレス・ポール（ギタリスト）に可愛がられていたスティーヴ・ミラーは、4歳で初めてのギターをプレゼントされると、いずれも親と親交のあったレスやTボーン・ウォーカーから6弦の手ほどきを受け、10歳になる前からマルチトラック・レコーディングで録音物を残し始めた。音楽マニアだったスティーヴの父親は、1949年に当時の最新のテクノロジーであるマグネコードのオープン・リールのテープ・マシンを所有しており、しばしばミュージシャンを家に招いてレコーディングを行なっていた。チャールズ・ミンガス、タル・ファーロウ……スティーヴが知らぬ間に、とんでもない大物たちが自宅のリビング・ルームに出入りしていたという。だがもちろん音楽に満たされ、情報も豊かな家庭で育ったからといって、スーパースターの座が保証されるわけではない。成功するためには努力や忍耐も運も才能も必要だ。ミラーはちゃんと才能の片鱗をうかがわせていたようだ。レス・ポールは5歳の少年の歌声を聴いて言った。"スティーヴ、君は絶対に成功するよ"。ここでも、レスの目に狂いはなかった。

PHOTOGRAPHED: Nokia Theatre, Los Angeles
December 15, 2011
GUITAR TECH: Wes Leathers

**GRETSCH G6128T-GH GEORGE HARRISON
SIGNATURE DUO JET**

グレッチ・カスタム・ショップが製作したこの生産モデルは、ジョージ・ハリスンのオリジナルのデュオ・ジェットを雛形としている。前ページの写真でギター・テク用の丸椅子を枕に横たわっているが、スティーヴのファンなら、椅子に描かれた"ギリシャ神話の翼ある馬"を見紛うことはないだろう。これはスティーヴ・ミラー・バンドのアルバム『ペガサスの祈り』のジャケットを飾ったサイケデリック・アートの巨匠、スタンリー・マウスのペガサスである。

CORAL SITAR

この楽器は西洋の音楽家たちの間で急速に広がっていったシタール人気にあやかって開発されたものだ。平面上のブリッジに弦が触れることによってシタールとよく似た音を出してくれる。若き日のスティーヴは、この楽器と一緒にいろいろな楽器が詰合せになったパッケージを見つけて＄200（約2万2千円）で購入し、後に「ワイルド・マウンテン・ハニー」で使用して大人気を博した。

私はウィリアム・シャトナーが主催するハリウッド・チャリティー・ハウス・ショーに定期的に参加して写真を提供し、恵まれない子どもたちのために活動する団体への寄付金を少しでも多く募るための手助けをしている。2011年にメイン・アクトを務めてくれたシェリル・クロウがステージに上がる前の時間帯に、私は彼女のシグネチャー・ギブソンとのプライベートな時間に恵まれた。彼女の楽屋のトレーラー内に飾ってあった、馬に乗った男性の絵を、私は急場凌ぎのフォト・セッションにうってつけの背景として利用した。後に私はここに描かれていた男性がウィリアム・シャトナー本人だと知らされることになる。描いたのは彼の愛妻、エリザベス・マーティンだった。

**2004 GIBSON SHERYL CROW ARTIST SERIES
ELECTRIC/ACOUSTIC**

このアーティスト・シリーズのギターは、シェリルの愛器である1962年のカントリー・ウェスタンにほぼ忠実なデザインとなっている。ツアーに持ち歩く際の耐性を考慮して設計されており、

SHERYL CROW

シェリル・クロウ

2009 GIBSON LES PAUL AXCESS CUSTOM SHOP

PHOTOGRAPHED: Shaw Conference Centre, Edmonton, Alberta Canada
November 1, 2011
GUITAR TECH: Ryan Seelbach

SCOTT GORHAM

スコット・ゴーハム（シン・リジィ）

スコットはオリジナル・メンバーだったギタリストのエリック・ベルの脱退を受けて、70年代半ばにシン・リジィに加入した。同時期に新加入したメンバーには、もうひとりの6弦プレイヤー、ブライアン"ロボ"ロバートソンもいた。スコットとロボが共にハーモニーを奏でながら築いたツイン・リード・スタイルは、シン・リジィ・サウンドの魅力の大きな部分を占めている。フロイド・ローズ・トレモロと、カバーのないコイル500Tブリッジ・ピックアップを備えたこちらのレス・ポール・アクセスは、シン・リジィの2011年のツアーを通してスコットのメイン・ギターだった。アクセスというモデルはレス・ポール・スタンダードよりもボディが薄いというだけでなく、ネックのヒールやバックのネック・ジョイント部分が22フレットにアクセスしやすいフォルムになっている。

BRIAN "ROBBO" ROBERTSON

ブライアン "ロボ" ロバートソン（シン・リジィ）

1953 GIBSON LES PAUL

PHOTOGRAPHED: Charlie's Bar, Warley Hill UK July 3, 2011

のシン・リジィには大した稼ぎがなかったため、バンドのマネージメント会社の支払いは遅れ、店側は返品を要求してきた。しかし18歳だったロボは楽器店の命令に従うつもりなどなかった。彼は付き合っていた女の子の母親の家の屋根裏部屋にギターを隠

WARREN DeMARTINI
ウォーレン・デ・マルティーニ（ラット）

1986 CHARVEL — "PYTHON"

PHOTOGRAPHED: Warren DeMartini's Home
May 26, 2011

シャーベルからもらったスクラップのパーツを組み合わせ、ボディ全体をニューオーリンズ産のニシキヘビの皮で覆ったこのギターは、ウォーレンのトレード・マークである。楽器の表面にはクリア・ラッカーすら塗布されていない。コンスタントな使用による劣化に経年変化が加わり、ボリューム・ノブ付近のヘビ皮は一部ぼろぼろになってはがれ落ち、プレイ中のウォーレンの腕が当たる箇所のうろこは少々盛り上がっている。シャーベルのアーティスト・シリーズ・ラインは現在、ウォーレン・デ・マルティーニ・シグネチャー・スネーク・ギターを製造・販売している。

1987 CHARVEL

ウォーレンのジェームズ・ディーンへのオマージュをとくとご覧あれ。ボディのフランス語を英語に翻訳すると、例の"Too fast to live, too young to die（生き急ぎ、早すぎる死を迎えた）"というフレーズになる。ウォーレンはラットの『インフェステイション』のアルバムでこのギターを使用した。

CHARVEL SIGNATURE SAN DIMAS — "SKULL"

"SKULL"はシャーベル／サン・ディマス・モデルとして生産された。ウォーレンはこのプロトタイプから、癖になりそうな薄気味悪いトーンを引き出す。

1958 FENDER STRATOCASTER

羨望されている楽器を購入するという行為は、しばしば自己の創造意欲への投資となる。ウォーレンのプレイに劇的な効果をもたらしたこのストラトキャスターもその一例だ。1986年に彼が＄2,000（約22万円）で手に入れたこちらの楽器の価値は、＄15,000〜＄20,000（約160万〜220万円）以上へとはね上がり、金銭面でも素晴らしい投資だったことが証明された。

1985 CHARVEL —— "CROSSED SWORDS"

ストラトキャスターからヒントを得たこのギターのデザインは、ゲイリー・ムーアが『コリドーズ・オブ・パワー』のアート・ワークで身につけていたフライト・ジャケットのワッペンをモチーフにしている。カタカナで書かれた文字の意味が"ロンドン"だということをウォーレンに教えてくれたのは、このギターの完成品を見た日本のファンだった。ボディ上部のホーンまで伸びている剣の柄頭（つかがしら）を注意深く見ると、とても小さな"Ratt"の文字と髑髏（どくろ）の絵に気づく。どちらもこのギターの個性的なディテールだ。ボディのグラフィック・アートの著作権はGlen Matejzelに属している。

DAVE NAVARRO

デイヴ・ナヴァロ（ジェーンズ・アディクション）

PAUL REED SMITH DAVE NAVARRO SIGNATURE MODEL

PHOTOGRAPHED: Las Vegas　December 11, 2003
GUITAR TECH: Phil Hutson

1987年からPRSギターをプレイしていたデイヴは、ジェーンズ・アディクションやレッド・ホット・チリ・ペッパーズの活動でも幅広く使用した。DNシグネチャー・モデルとは、HFSピックアップとビンテージ・ベース・ピックアップとゴールドのハードウェアを備えたPRS カスタム24だ。デイヴが所有するギターのヘッドの裏にはポール・リード・スミスの直筆サインが入っており、"Custom built for Dave Navarro（デイヴ・ナヴァロのために作られたカスタム）"の文言と共に、シリアル・ナンバーも彼の手書きで記されている。

2003年11月12日、ロンドンのハマースミス・アポロでジェーンズ・アディクションの公演があった。これは彼らのツアーのファイナル・ショーであり、アンコールでステージに出てきたデイヴは、間もなく帰国してカルメン・エレクトラと結婚できることが嬉しくて、ギターに日付を書き込んだ。ストラップの彼女のイニシャルもひときわ目をひく。

COLONEL BRUCE HAMPTON

カーネル・ブルース・ハンプトン

FENDER STRATOCASTER

PHOTOGRAPHED: Florida SpringFest, Pensacola   May 31, 2003

友人のジェフ・ヘンソンが私を紹介してくれたとき、カーネル大佐はトレーラーで昼食中だった。超能力の持ち主であることで有名な大佐が、私というタイミング悪く現われた新参者に対して、備わった力を使うことなどいとも簡単だったようで……彼は食事から少しも気をそらさぬまま、恐らく私が意識していたよりも多く、私のことについて言い当てた。彼のストラトはトレーラー後部でリネン等が緩んだままのベッドに横たわっており、私はそこでそのまま撮影を続けた。あまり手入れの行き届いていないこのギターとその所有者は似た者同士だ。私が予言してみせよう。この二人はまだ当分長い間私たちを楽しませてくれるだろう。

294

行動派のファンには、かなりクレイジーな楽しみ方を提供してくれる。音楽ファンでもあり現役のカメラマンでもあると、その熱狂ぶりと楽しさが何段階か上になる……スプリングフェストはまさにそんな場だった。自然光だけを使い、ギター・テクのブライアン・ファーマーの助けを借りて私がこれらの写真を撮ったのは、ウォーレン・ヘインズがカーネル・ブルース・ハンプトンと共にステージに上がるほんの少し前のことだった。

PHOTOGRAPHED: Florida SpringFest, Pensacola
May 31, 2003
GUITAR TECH: Brian Farmer

1988 GIBSON LES PAUL – 1959 REISSUE

WARREN HAYNES

ウォーレン・ヘインズ（オールマン・ブラザーズ・バンド）

1967 GIBSON ES-355

ウォーレンはグレッグ・オールマンが20年以上もプレイしていた銘器を、本人と直接トレードして獲得した。

DICKEY BETTS
ディッキー・ベッツ（オールマン・ブラザーズ・バンド）

LES PAUL CLASSIC

PHOTOGRAPHED: Tipitina's, New Orleans
April 27, 2003

ここに写っているスイッチとジャック・プレートは、銀細工を趣味とするディッキーの手作りだ。

"JUST GO OUT TO THE STAGE. MY GUITAR IS THERE."

"ステージに出てごらんよ。俺のギターはそこにある。

私はディッキー・ベッツがスペシャル・ゲストとして出演するノース・ミシシッピ・オールスターズの公演を観るため、ニューオーリンズのティピティーナズへ出向いた。

バックステージの吹き抜けの階段で、偶然彼と出会った。私が自己紹介をすると、彼は階段に座ったまま、肘で体を支えながら後ろに身体を反らせる形で身を乗り出してきた。

私は自分の本の企画を説明し、彼のギターの写真を撮ってもいいかどうか尋ねた。"ああ、もちろんいいよ"。"ステージに出てごらんよ。俺のギターはそこにある。ステージ上の唯一の照明である薄暗い裸電球の下、私がT-Max P3200マルチスピード・フィルムを使ってこれらの画像をスナップする間、親切なギター・テクがディッキーのレス・ポール・クラシックを手で持って撮影に付き合ってくれた。

OTEIL BURBRIDGE

オテイル・バーブリッジ（オールマン・ブラザーズ・バンド）

オテイルはギグやレコーディングに引っ張りだこの典型的なサイドマンだ。彼はオールマン・ブラザーズ・バンド、テデスキ・トラックス・バンド、デレク・トラックス・バンドらと定期的にツアーに出ていた。そして上述の3組とツアーをしてもまだ飽き足らない彼は、オテイル・アンド・ザ・ピースメイカーズのフロントに立ったり、オリジナル・メンバーとして悪名高きカーネル・ブルース・ハンプトンもメンバーに含まれる伝説のジャム・バンド、アクエイリアム・レスキュー・ユニットのリユニオン・ショーに随時参加したりもしている。

1964 FENDER JAZZ BASS

PHOTOGRAPHED: House of Blues, Las Vegas
September 12, 2003
GUITAR TECH: Brian Farmer

オールマン・ブラザーズ・バンド（ABB）に加入し、ギター・テクからフラットワウンドの弦を張ったベースとピックを渡されるまで、オテイルはベースをピックで弾いたことが一度もなかったという。6弦ベースを使ったジミ・ヘンドリックスの「リトル・ウイング」やABBの「リトル・マーサ」の精巧な解釈をしばしば披露するオテイルは、物事をシンプルに保つ方法も心得ているのだということを、この使い古された楽器を使って見事に体現してくれる。

GIBSON SG — 1961 REISSUE

PHOTOGRAPHED: House of Blues, Las Vegas
September 12, 2003
GUITAR TECH: David Paige

ナチュラルな表現を好むデレクは、ピックを使わず指弾きでこの
SGを掻き鳴らす。ボディにはいくつかのサインが入っている。

DEREK TRUCKS
デレク・トラックス

エルモア・ジェイムスとデュアン・オールマンから影響を受けたというデレクのスライド・プレイは今や風格を漂わせ、仲間からも
ファンからも賞賛される独自のスタイルへと成長を遂げた。そのことは、彼がローリング・ストーン誌の"歴代最高のギタリスト100人"に
選ばれていることからも明らかだ。しかし、当のデレクはそのようなリストに自分の名が載ったことに困惑し、雑誌のエディターに
自分の名前を削除してほしいと頼んだ。自分の代わりに、チャーリー・クリスチャンやジャンゴ・ラインハルト、
アルバート・キングを推薦した。ローリング・ストーン誌が彼のこの要求を聞き入れるかどうかは別として、
デレクが編集者に宛てたこの文書の内容により、心を打つまでの彼の謙虚さと、
現代の多くの聴衆が忘れかけている偉大な先人たちに対する、彼の深い尊敬の念が浮き彫りになった。

ギター収集家として知られるスティーヴ・アール。私が観に行ったその夜は、自ら率いるデュークスとのセットや、ケブ・モやジャクソン・ブラウンとの共演のステージだったのだが、彼が一体どのギターを手に現れるのかは予測がつかなかった。ルシアーのジョン・ディロンが作った主戦力のアコースティック（ディリオン・ギターとは混同しないで欲しい）を掻き鳴らす可能性もあった。だが、このときの彼が試してみたギターは、チェット・アトキンスSSTだった。
ギターの上部には、仲間・善意・薬物中毒からの解放を意味するナルコティクス・アノニマス（NA）のシンボルが貼ってあった。

STEVE EARLE
スティーヴ・アール

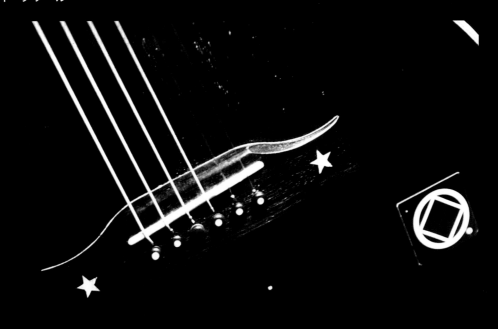

GIBSON CHET ATKINS SST

PHOTOGRAPHED: The Aladdin (now Planet Hollywood Resort and Casino), Las Vegas
July 27, 2003
GUITAR TECH: Russ Garett
ASSISTED BY: Dan Gillis

GERRY BECKLEY

ジェリー・ベックリー（アメリカ）

アメリカ……いくつもの州を行ったり来たりしながら、国の核となる地域をツアーする際にこの上ないサウンドトラックとなる「名前のない馬」を代表曲に持つバンドに、ふさわしい呼び名だ。プライベート・パーティーでデューイとジェリーのギターを撮影してみたが、ツアーという名のクロスカントリー・ロードトリップに明け暮れ無数のギグをこなしてきた背景を考えれば、彼らの楽器が凄まじく消耗している事実に特別に驚きを感じなかった。

1993 TWELVE-STRING TAYLOR
— GERRY BECKLEY SIGNATURE GUITAR

PHOTOGRAPHED: Las Vegas 2003
GUITAR TECH: Pete Leonardo

もし世界に唯一のギターではないとしても、このギターは本物の激レアだと言うほかない。トップは杢の出たメイプル材で、インレイは星型だ。15フレットにはジェリーのサインのインレイが施されている。

DEWEY BUNNELL

デューイ・バネル（アメリカ）

1993 FENDER PAISLEY TELECASTER

PHOTOGRAPHED: Las Vegas 2003
GUITAR TECH: Pete Leonardo

デューイは通常「グリーン・モンキー」を演奏するときこのギターを選択する。

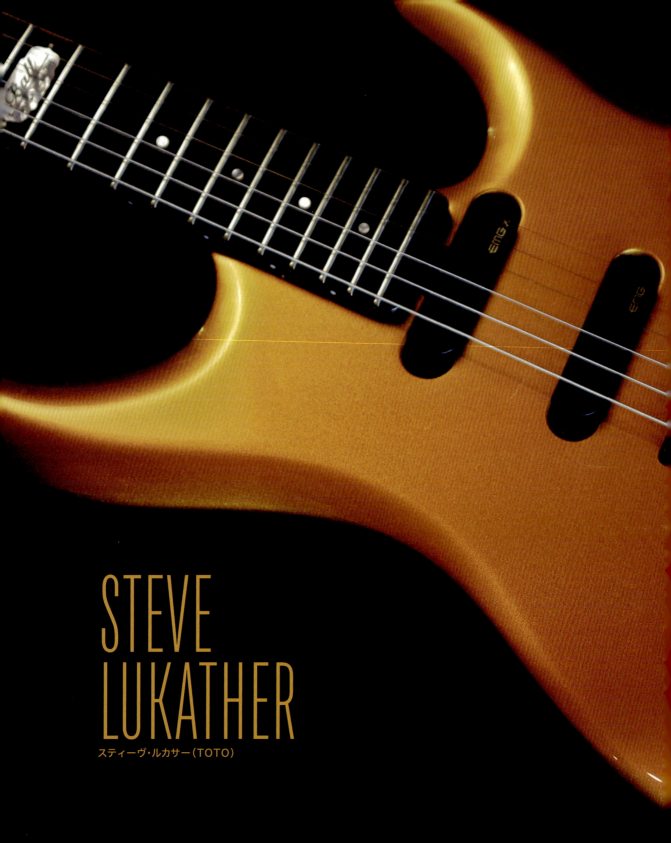

STEVE LUKATHER

スティーヴ・ルカサー（TOTO）

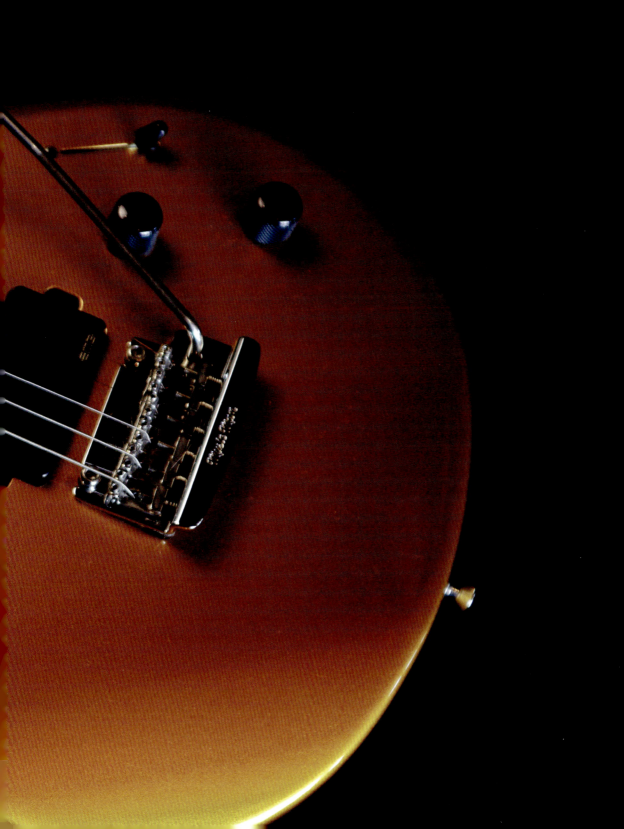

THAT GUITAR LOVERS MAKE UP AN EXTENDED FAMILY.

ギター愛好家はみんな大きな家族のようにつながっているのだ。

ギブソン社の選出による「史上最高のセッション・ギタリスト10人」の中にスティーヴの名前が入ったのは、ちょうど私がこの撮影のために彼の家を訪れていたときのことだった。子どもたちまで総出の家庭的な現場となったのだが、私のアシスタントを買って出てくれた彼の若い娘がリビング・ルームで私の機材のセットアップを手伝う様子を、生後6ヵ月の女の子がソファーから監視していた。

撮影に備えて私が"ゴールディー"をラグの上に横たえていたところへ、スティーヴの10代の息子と友人のジュリアンが現れた。"本の名前は『108 ROCK STAR GUITARS』だよね?" とジュリアン。"109にしてみない?"、"どうして?──誰を追加して欲しいの?" と私は聞いてみた。彼の答えはこうだった。"僕のおとうさんがピーター・フランプトンだから"。私はにっこり笑って、予め印刷してあったフランプトンのシグネチャー・レス・ポールが表紙の『108 ROCK STAR GUITARS』のプロモーション用小冊子をジュリアンに手渡した。というわけで、実際のところ、この撮影は2つの家族を巻き込んで行なわれたわけだが……私の信条と一緒で、ギター愛好家はみんな大きな家族のようにつながっているのだ。

2009 ERNIE BALL MUSIC MAN SIGNATURE — "GOLDY"

PHOTOGRAPHED: Steve Lukather's Home
April 18, 2011

ヘッドの文字を見ればおわかりのとおり――ルークというモデル名で生産され、その名が浸透しているにもかかわらず――特別なこのギターは"ゴールディー"と名付けられた。ドクロ模様のストラップはカスタム・メイドである。

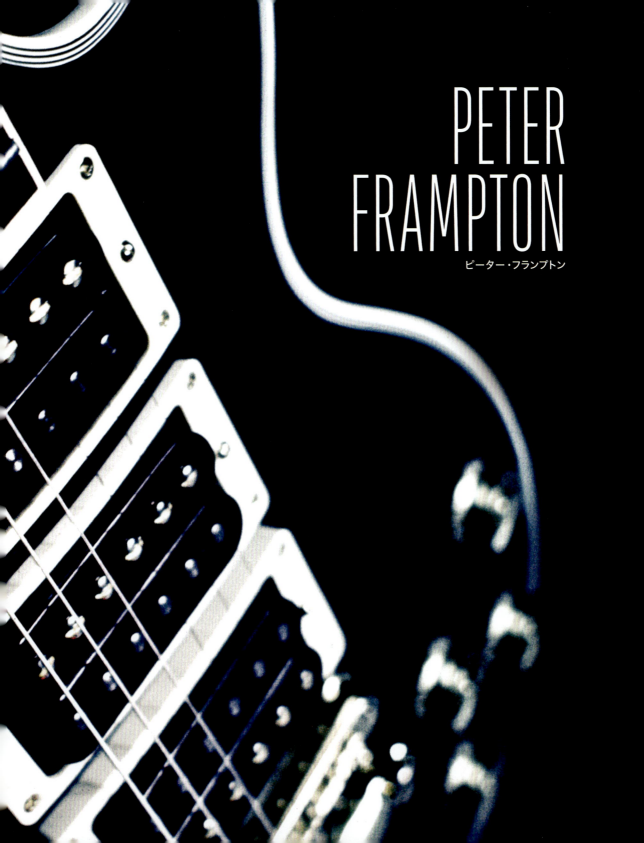

PETER FRAMPTON
ピーター・フランプトン

IN 1980, PETER LOST HIS BELOVED LES PAUL.

1980年、ピーターは愛器のレス・ポールを失った。

彼が『ロック・オン』や『パフォーマンス～ロッキン・ザ・フィルモア』といったハンブル・パイのアルバムや、ソロ・アルバム『フランプトン・カムズ・アライヴ』でプレイした1954年頃のギターは、ライブ用の機材を載せた貨物機がベネズエラのカラカスで墜落したときに破壊されたと思われていた。

そのギターはピーターにとってあまりにも大きな意味を持っていた。巨大な喪失感に打ちひしがれた彼は、二度と特定のギターに感情移入はしないと誓った。しかし、だからと言ってギブソンと共同で進めていたピーター・フランプトン・シグネチャー・レス・ポールの開発から手を引いたわけではない。スプリット・ダイヤモンドの美しいインレイが入ったヘッド、マホガニーのバック、メイプルのトップ、ゴールドのハードウェア、チェンバード・ボディ、パール・ブロックのインレイ、そして3つのピックアップ　……1957クラシック／1957クラシック・プラス／500T……それぞれが彼の意図する用途に合わせて配線され、ピーターのシグネチャー・モデルは彼が大切にしてきた亡き54年製を忠実に再現したギターとして完成をみた。

私が撮影した当時、彼はいつもこのギターを何本か持ってツアーに出ていた。ところが2010年になると、永遠に失ったと思われていた1954年のレス・ポールが紆余曲折の末に再び彼の手元に戻ってきたのである。明らかなのは、1980年に何者かが墜落した貨物機の残骸から楽器を回収し、オランダ領カリブのキュラソー島でプロの音楽家に売り渡したという事実だ。

その音楽家はギターの出自を知らず、何10年もそのギターを使ってプロの仕事をしてきた。ギターのリペアを担当する通関業者と、熱心なオランダのフランプトン・ファン、そしてキュラソー島の観光協会の会長が力を合わせてギターをピーターに返したところ、彼は30年ぶりの再会だったにも関わらず、ギターを手に取った途端にそれが自分のものであり、今まで弾いた中で最高のあのギターだという感覚がよみがえったと語った。

今度の機会では、かつてカリブ海の冒険で傷つき、火傷を負ったものの、いま再び定期的にフランプトンと共にステージに上がる54年のオリジナルのレス・ポールをぜひ取り上げたい。差し当たり、これは2001年にメイン・ギターとして使っていたシグネチャー・モデルであり、12フレットのインレイにはサインが刻まれている。

SCOTTI HILL

スコッティ・ヒル（スキッド・ロウ）

CUSTOM GUITAR — "RUFUS"

PHOTOGRAPHED: Mandalay Bay, Las Vegas
March 17, 2000
GUITAR TECH: T.J.

熾烈でエモーショナルなスコッティのプレイは、ヘヴィ・メタル界の最高峰のボーカリストであるスキッド・ロウのフロントマン、セバスチャン・バックを完璧に引き立たせる。写真はスコッティ愛用のマホガニー・ボディの1本だ。ラッカー仕上げを剥ぎ取り、ヘッドにはテレキャスターの文字の代わりにフェンダー・ラフネッカー……略して"ルーファス"であることを示す手書きのステッカーが貼ってある。

KEITH STRICKLAND

キース・ストリックランド（The B-52s）

2001 FENDER STRATOCASTER

PHOTOGRAPHED: Florida SpringFest, Pensacola
June 1, 2003
GUITAR TECH: Kevin Allison

B-52sの元ドラマーであるキース・ストリックランドは、オリジナルのギタリスト、リッキー・ウィルソンの死後にギターに転向した。コンサート中、ストラトとテレをローテーションで使うストリックランドにとって、Line 6ヴァリアックスは、各々の曲に適切なトーン及び適切なチューニングを確保してくれる強い味方だ。マルチ・インストゥルメンタリストであり、陽気なサウンドスケープを生み出す作曲家でもあるストリックランドについて、私は実に刺激的な人物だと思う。

1957 FENDER TELECASTER

PHOTOGRAPHED: Jazz & Heritage
Festival, New Orleans
April 25, 2003
GUITAR TECH: Rex Frazier

ニック・ロウから贈られたこのギターは、ジョンが1983年以降プロとしての現場で使用してきた唯一のエレクトリックである。経年による劣化が多少見受けられ、オフホワイトのフィニッシュ、白のピックガード、メイプルのネックを特徴とする。すべてオリジナルの仕様のままだが、ピックアップだけは"再生"……つまりコイルの巻き直しが行なわれている。そしてジョンはブリッジの下にエルヴィス・プレスリーTCB（taking care of businessの略）のステッカーを貼っている。

JOHN HIATT

ジョン・ハイアット

ジョン・ハイアット&ザ・ゴーナーズがクロスビー、スティルス&ナッシュのオープニング・アクトを務める予定だったのだが、会場内にそのような情報は出ていなかった。予想されていた開演前の喧騒はなく、観客はまばらで、ステージは暗かった。ステージの照明を撮影に使おうと思っていた私は、薄暗い環境に対処する術を持ち合わせていなかった。どうやって乗り切ろうか思案に暮れていると、ローリング・ストーン誌のライター――ハンター・トンプソンの再来か、はたまた努力家のいずれか――が私に話しかけてきた。普段は私の集中力を妨げる存在になりがちな彼が、このときばかりは救世主となった。私がいつもカメラバッグの中に入れて持ち歩いている小さな懐中電灯で彼が照らしてくれたお陰で、私はここに掲載した写真を撮ることができたのだ。

JERRY ONLY

ジェリー・オンリー（ミスフィッツ）

CUSTOM GRAPHITE BASS — "DEVASTATOR"

PHOTOGRAPHED: Webster Hall, New York City
May 16, 2003

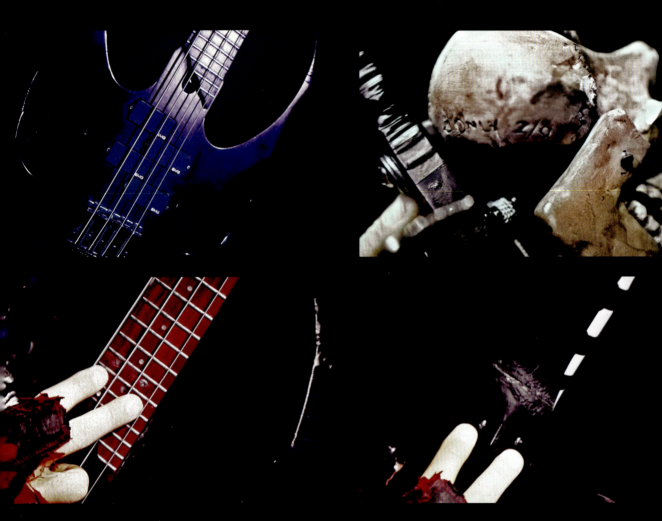

ヘッドにサイクロプス（ギリシャ神話の鍛治の技に長けた単眼の巨人）のスカルをあしらったコウモリ形のベースが、いつしか作り手のパーソナリティと重なった。それが"ディバステーター"だ。1984年〜1988年までの4年間が製作時間に費やされたこの秀逸な楽器は、過去に大怪我に見舞われたことがある。24フレットのネックが完全に半分に折れたため、ネジで再度取り付けられたのである。音量調節用のノブもトーン調節用のノブもないディバステーターは、まるですべてが永久に"レベル11"に設定されているかのような配線になっている。ネックに沿って貼られている蛍光テープにより、ジェリーは暗い場所でも正確に指のポジショニングができる。そしてジェリーが使っている、通称「スカルバスターズ」と呼ばれる専用のヘヴィ・ゲージ弦により、ミスフィッツはドロップ・チューニングの煩わしさなしにとてつもない重低音を得ることができるようになった。ディバステーターがジェリーのビジュアル面での美意識の表れであることを考えれば、彼とミスフィッツがホラー・パンクの先駆者として尊敬されているのも不思議ではなくなる。

PHOTOGRAPHED: William Shatner's Hollywood
Charity Horse Show, Los Angeles
April 26, 2009
GUITAR TECH: Tom Hawkins, a.k.a. "Tune n Tom"

1969年にウィリー・ネルソンが"トリガー"を新品で購入して以来、彼女は現存するギターの中で最も有名で認知度の高い楽器のひとつとなった。ロイ・ロジャースの有名な馬にちなんで愛器に名前を付けた彼は、自分のような吟遊詩人にとってギターは馬のようなものだと考えた。レオン・ラッセル、ロジャー・ミラー、クリス・クリストファーソン、ジーン・オートリー、ウェイロン・ジェニングス、ジョニー・キャッシュを始めとする、およそ100人のサインがトリガーを飾っている。途方もなく長い時間に渡る使用により本器のトップ面に開いた穴はかなりの大きさになってきたが、ウィリーは相棒の修理を拒みながら、2人で共に成熟を続けている。ウィリーは絶対にトリガーに手出しをさせない。よほど極端な状況にでもならない限り、一時的に彼女と離れることさえしない。演奏に向かう際、彼は自身の手でギターを運ぶことで知られている。そんな彼だから、IRS（アメリカ合衆国内国歳入庁）との騒ぎが大々的に報道されていた間は、このギターが拘束されるのを防ぐためにマネージャーのオフィスに隠したという。トリガーは今後もほぼ間違いなくウィリーの手中にあると思われるが、これまで音楽史に豊富な項目を刻みつけた本器は、世界中のファンのものでもある。そしてこの相棒を守っている吟遊詩人もまた世界の宝なのである。

トリガーの撮影日はちょうどウィリーの75歳の誕生日だった。彼のカスタム・ピックに謳われているように、彼は"未だ喫煙者"であった。

WILLIE NELSON
ウィリー・ネルソン

CHRISSIE HYNDE

リッシー・ハインド（プリテンダーズ）

FENDER TELECASTER (PAGE 328)

PHOTOGRAPHED: China Club, New York City 1999

この写真の舞台照明の効果は私の大のお気に入りだ。ギターに反射したライトが、私の目には血糊を吐くジーン・シモンズのように見える。ギターに反射した光によるロールシャッハ・テスト（投影法に分類される性格検査の代表的な方法のひとつ）をどうぞ。

HALKAN ROADMASTER DELUXE PEARL GUITAR

フェンダー・テレキャスターをモデルにしたスウェーデン製バリトン・ギター。セールス・ポイントはオール・パールのボディにエボニーのフレットボード。これはクリッシーのオレンジ・アンプにプラグ・インされ、サウンドチェックに向けて万全の態勢での写真だ。

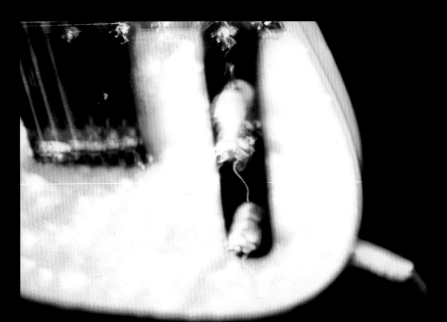

I WAS, HOWEVER MOMENTARILY, HAPPY TO BE GRANTED ACCESS TO THEIR SORORITY.

なんだか格式高い女子学生クラブの会長にほんの一瞬だけ
相手にしてもらえたような気分になる面白い体験だった。

ニューヨークのチャイナ・クラブのマネージャーから、クリッシー・ハインドのライブを見に来て、ついでにギターの写真も撮ったらどうだ、と声をかけてもらった私は、サウンドチェック前に店へ乗り込んだ。

すると、間髪入れずに近づいてきた魅力的で上品な女性から、"貴女は何者だ、そこで何をしている"とぶっきらぼうな質問を受けた。そこで私は、ベン・ハーパーのビル・アッシャー記念ワイセンボーンのラップ・スティール（362ページ）が写ったプロモーション用ポストカードを彼女に手渡し、どちらかというと曖昧な"ギター・アートのプロジェクトなんですけど"、という受け答えをしてみた。

私が自分の意図を伝え終わるか否かのタイミングでクリッシーのギター・テクが現れ、ギターの撮影は5分で切り上げてくれと言ってきた。しかし彼はそこでちょっと自信がなくなったのか、私に質問してきた女性に確認を求めた。彼女は同意して頷いた。

後日、私はこの威厳ある女性が、マドンナやシェールやスティーヴィー・ニックス等のメディア戦力を仕掛ける音楽業界で最も高名なパブリシストのひとり、リズ・ローゼンバーグだったことを知った。リズ・ローゼンバーグは意志が強く、はっきりと物を言う女性として知られている。クリッシー・ハインドも然りだ。なんだか格式高い女子学生クラブの会長にほんの一瞬だけ相手にしてもらえたような気分になる面白い体験だった。

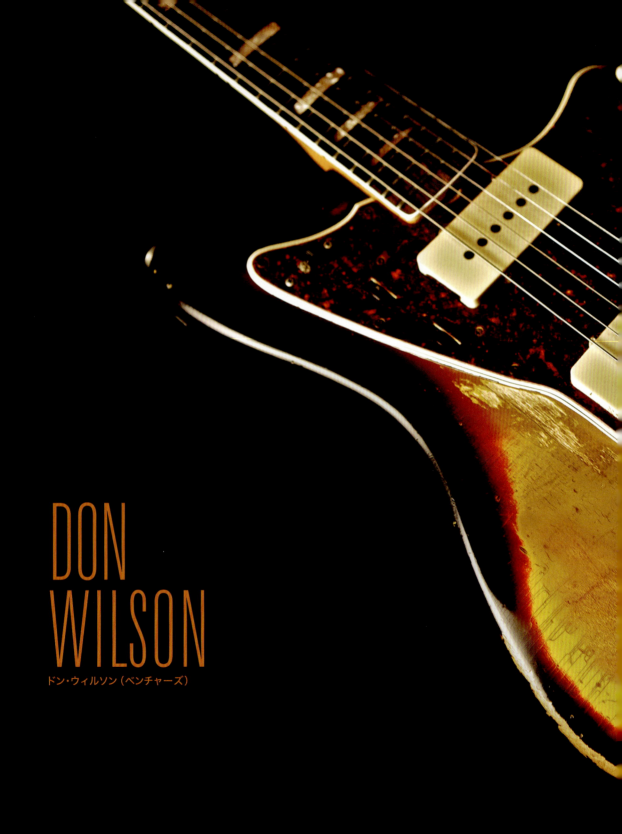

DON WILSON

ドン・ウィルソン（ベンチャーズ）

1967 FENDER JAZZMASTER (PAGES 332-334)

ベンチャーズのお陰ですっかり有名になったモズライトのギターだが、彼らと同社との契約は案外短命だった。ドンがこれまで一番長く演奏していたのはこちらのジャズマスターである。ボブ・ボーグルからこのギターを贈られて以来、ツアーやレコーディングのたびに使用していた彼も、2004年にはついに決断の時を迎えた。その後もプロのレベルで機能し続けてもらうためには、ギターをアップデートする必要があることを知り、オリジナルのワイヤー1本すら変えたくないと思った彼は、そこでギターを引退させた。その後このギターはロックの殿堂に2年間展示されていた。

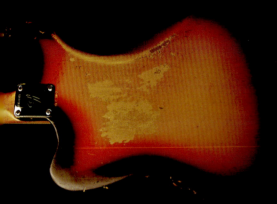

1982 FENDER JAZZMASTER

フェンダーの研究開発部門のスコット・ジマーマンによって愛情たっぷりに作られたこのギターには、オリジナルのピン・ルーター・ツールで切削した60年代のボディが使われている。ほぼすべてがNOSパーツで、ネックは1962年のビンテージ・リイシュー・ストラト用のものだ。スコット・ジマーマンはフラートン工場で作られた最後のギターであるこのジャズマスターを4本だけ製作した。1本はドンの手に、もう1本はボブ・ボーグルの手に、3本目はノーキー・エドワーズの手に渡った。しかし4本目は不可解にもフェンダーの研究開発オフィスから消えてなくなった。

1960s DANELECTRO SIX-STRING BASS

ベンチャーズのメンバーは誰もが様々な曲でこの楽器を代わる代わる演奏しているが、聴けば一発でわかるこのサウンドを一番うまく使いこなしているのはボブ・ボーグルだろう。

PHOTOGRAPHED: Don Wilson's Home
December 30, 2011

DON WILSON COULD BE FORGIVEN IF HE DECIDED TO REST ON HIS LAURELS.

ドン・ウィルソンが現在の栄光で至極満足だと言い切っても、
誰も彼を咎めはしないだろう。

　彼は音楽史上最も有名なインストゥルメン
タル・ロック・バンドを結成した張本人であり、
時を超えて世界中のファンやミュージシャン
をインスパイアするサーフ・インストというスタ
イルを確立した当事者でもある。これほど多
くの偉業を成し遂げてきたドンが、未だ静か
な湖畔の家で愛する家族と一緒に暮らし、仕
事の余韻に浸る日々を送っていないのはなぜ
なのだろう。いや、そもそも引退は必然なの
だろうか？　チェット・アトキンスやデュアン・
エディと並んでドンが最も影響を受けたとい
うレス・ポール（ギタリスト）にあやかって、身

体が許す限り生涯現役を続けてみてはどうだ
ろうか。

　約束の日にドンの家へ出向き、壁がびっし
りとゴールド・ディスクで埋め尽くされた娯楽
室で撮影をしながら、私はこんなことを考えて
いた。撮影後、数十年分の所縁の品に囲ま
れた環境でドンの話を聞いているうちに、私
はすっかり"ベンチャーズ通"になってしまい、
心からこう思った。アメリカのロックンロール
界にとって、ベンチャーズほど優れた国際親
善大使はいない。

1989 MOSRITE — THE VENTURES MODEL

ノアの方舟で洪水が引いた後に鳩がくわえてきたオリーブの枝のようなギター。不運な出来事が重なったり伝達が不十分だったりしたことが原因で、モズライトとベンチャーズの協力関係が途絶えた後、モズライトの創業者であるセミー・モズレーは、このギターを仲直りの印としてドンに贈った。ベンチャーズのメンバー全員がギターのトップにサインし、セミー自身もヘッドにサインして、ネックの裏にドンへの感謝の言葉を書いた。これらのサインやメッセージはラッカーでコーティングされている。トレモロ・システムのテンション・スプリングにドル紙幣が折り込まれているところにも注目して欲しい。ひょっとして、ギターを手にしているときのドンは、少しばかり緊急用の現金を必要とするのだろうか？

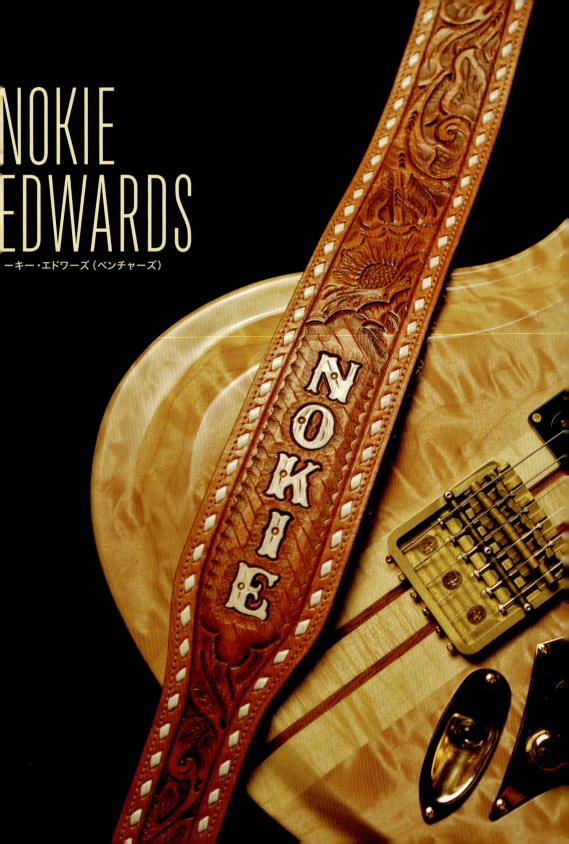

NOKIE EDWARDS

ノーキー・エドワーズ（ベンチャーズ）

街の喧騒から離れたノーキー&ジュディ・エドワーズ邸のリビング・ルームは、完全に練習スペースと化していた。アコースティックやエレクトリックの楽器がそこらじゅうに置いてあり、その場に満ちた空気からは、最近行なわれたばかりのバンドのリハーサルの音が響いてくるようだった。恒例のベンチャーズのジャパン・ツアーへ出発するまであと幾日もない時期に、時間を割いてくれたノーキーには感謝の気持ちを抱かずにいられなかった。1960年にベーシストとしてベンチャーズに加入したノーキーは、程なくしてリード・ギタリストの座に就いた。2008年、彼はグループのメンバーと共にロックの殿堂入りを果たした。

2009 HITCHHIKER

ノーキーはこれを"ギター版ロールスロイス"と呼ぶ。モズライト似のボディ、ヒッチハイカーの名のとおりのユニークな形のヘッド、ゴールドのハードウェア、繊細なフィニッシュ、エボニーのフレットボード、そして真珠層のインレイ。これだけで無垢な少女の目にも美しい楽器として映ることだろう。ところがその実態は、15種類の異なるトーン……ウッディーなアコースティック・トーンから、ハムバッカーを搭載したギブソンのぶ厚い音、紛れもないテレのトゥワンギーなサウンド、ジャズマスターのようなエッジの効いたトーンまで使い分けることができる、信じ難いほど用途の広いギターなのである。ドロップDチューナー、特別に設計されたセイモア・ダンカン・ピックアップ、ノーキー自身が発明したモバイル／スライド・ブリッジ、そしてネックにはブラス製の"0フレット"が装備されている。ストラップはジュディ・エドワーズの手作りだ。

2009 HITCHHIKER ACOUSTIC/ELECTRIC

サンタ・クルーズ・ギター・カンパニーの創設者であるルシアーのリチャード・フーヴァーが、ノーキーの厳しい要求に合わせて作り上げた家宝品質の1本。シグネチャー・モデルとしてノーキーの頭文字"N"からヘッドの形を作ろうと取り組んだ結果、偶然にもヒッチハイカーの親指のようなフォルムが出来上がった。ボリュームとミックスのコントローラーは、目につかぬようにサウンドホールの上部の縁の内側に取り付けられている。こちらのギター・ストラップもジュディ・エドワーズのお手製だ。

PHOTOGRAPHED: Home of Nokie and Judy Edwards
December 28, 2011

NEW ERA ACOUSTIC — "EVERYDAY"

バディ・ホリー・ギター財団の"受賞アーティスト"となったノーキーは、ホリーが数々の名曲を書くのに用いた1943年製のギブソンJ-45のレプリカを受け取った。このギターは18本限定で製作され、各々のヘッドに刻まれたバディ・ホリーの曲のタイトルは、革製のギター・ケースのアート・ワークと連動している。受賞アーティストたちは、各々好きなソング・タイトルを選んでギターに刻んでもらったそうだ。ノーキーのチョイスは「エヴリデイ」だ。

サウンドホールから見える木製ラベルにあるように、フレットはバディ・ホリーのJ-45のオリジナルと同じものを使用している。ギターはトニー・クラッセン作、革製のケースはスージー・テンプル作だ。これまでにピート・タウンゼンド、ピーター・アッシャー、グラハム・ナッシュ、ピーター・フランプトンなどがバディ・ホリー・ギター財団の受賞アーティストとなっている。

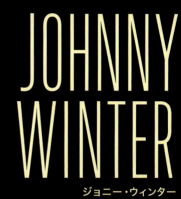

JOHNNY WINTER
ジョニー・ウィンター

70年代後半から80年代前半にかけて、音楽史上最も偉大なブルースマンのひとりであるマディ・ウォーターズの
グラミー受賞アルバムをプロデュースしたジョニーは、自身のレコーディング作品でもグラミー賞にノミネートされた実績を持つ。
古い配管用のパイプをスライド・バーとして使い、事前にスチール・ウールでこすって錆びを落としてから毎回ステージに
出ていた時代から長い道のりを歩んできたジョニーは、その活動が正当に評価され、ブルース財団の殿堂入りを果たした。

1963 GIBSON FIREBIRD V

1970年に開催されたアイオワ州の（一部では、ガレナ・ポップ・フェスティバルとして知られる）ワデナ・ロック・フェスの初日に、ジョニーはエド・シーリングからこの伝説のファイヤーバードを購入した。スライド・プレイをメインに本器を長く使用してきた彼が年齢を重ねたように、この娘はもはや新品同様というわけにはいかないが、使い込まれてボロボロになったものが醸し出す円熟味もまた良いものである。ジョニーが2007年にリリースした『The Live Bootleg Series, Vol.1』のジャケットとなったこの写真は、ファンの方にはお馴染みかもしれない。

PHOTOGRAPHED: The Railhead at Boulder Station, Las Vegas
June 20, 2007
ASSISTED BY: Paul Nelson

ERLEWINE LAZER GUITAR— "THE LAZER"

この撮影の時点で、ジョニーは13年間同じサムピックを使っていた。これは彼の直近のお気に入りの楽器、アールワイン・レーザーの6弦だ。"The Lazer"のサウンドは非常にフェンダー寄りだが、感触はギブソンのようだとジョニーは語る。彼がアールワインを使い始めたのは、アリゲーターでの最初のレコーディングの際に、ベース・プレイヤーのジョニー・Bの過失によりファイヤーバードが使用できなくなってしまったのがきっかけだった。

FEW ROCK STAR GUITARS ARE AS FAMOUS AS RED SPECIAL, WHICH BRIAN AND HIS FATHER BUILT OVER A TWO-YEAR PERIOD USING MISCELLANEOUS MATERIALS.

ブライアンが父親と一緒に様々な材料を駆使して
2年かけて完成させた"レッド・スペシャル"は、
きっとどんなロック・スターのギターよりも有名だろう。

自転車のサドルバッグ・ホルダー、オートバイのバルブのスプリング、ナイフ、編み針、オーク製のテーブルを再利用した木材、100年前の暖炉の炉棚から60年代半ば当時に回収されたマホガニー材。貧しかったメイの家庭で手近にあったアイテムがこのギターのパーツとして生かされた。

ネックにマホガニー材が使われていることから、別名"The Fireplace"と呼ばれることもあるレッド・スペシャルのセミ・ホロウ・ボディは、三つの主要部分から成る。大きくて重量のあるオーク材の中央部分に、中を抜いたブロックボードを2枚張り合わせている。表面がマホガニー材の突き板ですべて覆われているため、ソリッド・ボディのように見えるのだ。ブロックボードのキャビティはレッド・スペシャルのサステインを豊かにする一方、フィードバックも生み出す内部構造である。これは

ジェフ・ベックがアンプの前でギターのアングルを縦横斜めに変えながら、巧みに奇妙なノイズを生じさせる効果に興味を持ったブライアンによる意図的な設計だ。

レッド・スペシャルにはバーンズ・トライソニック・ピックアップが3つ搭載されている。ブライアンは中央のピックアップのコイルの向きを逆にしてマイクロフォニック・ノイズを軽減し、ギターが聴覚に届けるパレットの色彩を広げ、3つのピックアップを組み合わせた極性での演奏を可能にした。

"果たして私たちは賢明だったのか、それとも単に運がよかっただけなのか、それはわからない"。父親との合作であるレッド・スペシャルについてブライアンは語る。"だが思った通りに鳴ってくれたんだ、このギターは。今もいい音をさせている。神に感謝するよ"。

BRIAN MAY
ブライアン・メイ（クイーン）

1965-1967 — "RED SPECIAL"

PHOTOGRAPHED: Las Vegas
May 7, 2006
GUITAR TECH: Pete Malandrone

ブライアンが6ペンス銀貨をピック代わりに使っていることは、クイーンのファンならほとんど誰でも知っている。レッド・スペシャルのヘッドには、ブライアンの顔が刻印されたハーフ・シリングの記念コインが貼ってある。これは彼の2ndソロ・アルバム『バック・トゥ・ザ・ライト』リリース後の1993年のツアー用に製作された限定版プロモーション・グッズのひとつだそうだ。

グー・グー・ドールズがレコーディングをしていたロサンゼルスのスタジオの入口のマットの文字は、"ウェルカム"ではなく"GO AWAY"だった。ここまでくじけずにこのプロジェクトを続けてきて本当によかったと思う。もし途中でやめていたら、私に写真を撮る真の喜びを与えてくれるような類の、とてつもなく手荒い扱いを受けてきたギターたちとの出会いの機会を何度か失ったかもしれないのだから。

JOHNNY RZEZNIK
ジョン・レズニック（グー・グー・ドールズ）

PHOTOGRAPHED: BlingLand, Los Angeles
December 15, 2011
GUITAR TECH: Andy Hindman
ASSISTED BY: Mike Brylinski

LATE 1990s CUSTOM SHOP FENDER TELECASTER — "RZEZNIK TELE"

ジョニーはフロントとバックに大文字で姓を刻み込み、この楽器の所有権をきっぱりと主張した。紛れもなく、このギターを弾く男と同じくらい主張の激しいギターである。

LATE 1990s FENDER STRATOCASTER — "HALFCASTER"

破損したギターを無駄にしないために、ジョニーは楽器の残りの部分を研磨してマット仕上げにし、それを4弦の楽器に作り変えた。セイモア・ダンカンのピックアップは絶縁テープで固定されている。ディセンデンツのステッカーはずっと以前から中央部分に貼られていたものだが、斜めに貼られた白いテープ上の手書き文字"OUCH！（痛い！）"は、一般的にギターという楽器は半分に割られるのがあまり好きではないということを思い起こさせる。ジョニーはグー・グー・ドールズのアルバム『ガターフラワー』に収録されている「ビッグ・マシン」でこのハーフキャスターを使用した。

LATE 1990s
YAMAHA CUSTOM SHOP
BB1000

PHOTOGRAPHED: BlingLand, Los Angeles
December 15, 2011
GUITAR TECH: Andy Hindman
ASSISTED BY: Mike Brylinski

複数のカスタム・ピックアップとヒップショット・ベース・エクステンダーを装備。ネックの裏に蓄光マーカーあり。

ROBBY TAKAC
ロビー・テイキャック（グー・グー・ドールズ）

ロビーにとことん使い込まれたベースのすり減り方に、彼の人となりが反映されていると私には思える。彼は人生経験や、心の琴線に触れた瞬間を音楽に反映させる人だ。これは今まで私が撮影した中でも特に持ち主の人物像がにじみ出ている楽器のひとつと言える。私が特に気に入っているのは、"剥がした場合は無効"とプリントされたピックと、ブランコに乗った女の子のイラストの上に"ゆったりとした生活は素晴らしい"と書かれたステッカーと、下のホーンにあるカナダ国旗のデカールだ。ロビーはカナダ人ではないが、ニューヨーク州バッファロー出身だから、カナダの隣人、と呼ぶのが次善の策だろうか。

MONTE PITTMAN
モンティ・ピットマン

JARRELL JZH-1 — FLAMZ PR

PHOTOGRAPHED: J Gerard Peace Gallery, Los Angeles
February 6, 2011

セミ・ホロウ・ボディのアーチトップにエンジェル・ウイングのサウンドホール、メイプル・トップを覆うはっきりとした木目の突き板、エボニーのフレットボード、ゴシック様式のメキシコ貝のインレイが施されたヘッドを備えた、このフィリップ・ジャレルのギターは、モンティ・ピットマンその人と同じくらいファッショナブルである。彼はマドンナのバンドのリード・ギタリストとしてよくこの楽器をツアーで演奏している。

以下の写真は、私が"ギター・アートのプロジェクト"を立ち上げてからまだ二度目の撮影の時のものだ。依然として素材に関して試行錯誤を続けていた私は、様々な高感度フィルムをいっぱい詰め込んだバッグを持ってローズランド・ボールルームに乗り込んだ。幸運にも、ベンのギターが私を待っていてくれたのは、ステージの後方の隅という"暗闇"だった。コダックの白黒TMAX P3200とカラーの赤外線フィルムは、彼のギターの画像を芸術的に見せるのにとても役立った。

PHOTOGRAPHED: Roseland Ballroom, New York City
March 6, 1998

1998 BILL ASHER COMMEMORATIVE WEISSENBORN

ベンがプレイするハワイのアコースティック・ラップ・スティール、ワイゼンボーンにインスパイアされたルシアーのビル・アッシャーは、ひときわ杢の美しいコアウッドを自ら選んでこの楽器に使用した。単に見た目が美しいというだけでなく、ベンの言葉を借りれば、コアは"滞空時間の長い"音色を奏でてくれる。

BEN HARPER
ベン・ハーパー

LATE 1920s WEISSENBORN

ベンは断言する。"ワイゼンボーンの音はあなたの周りに分散するのではない。あなたを貫通するんだ"。ベンの音楽についても同じことが言えるのではないだろうか。彼はいつだって愛や真実を求めて格闘し、日に日に不安定で暴力的になっていく世界において、万人の常識を問いただし、たとえ少数派の意見となっても良識は曲げなかった、と私は認識している。ベンは1995年のアルバムのタイトル曲でこう歌っている。

you got to fight for your mind
気をしっかり持つために戦わなきゃならない
you got to fight for your mind
気をしっかり持つために戦わなきゃならない
while you got the time
時間があるときは
you got to fight for your mind.
気をしっかり持つために戦わなきゃならない

363

NANCY WILSON

ナンシー・ウィルソン（ハート）

PHOTOGRAPHED: LVH (formerly the Vegas Hilton), Las Vegas
August 1, 2003
GUITAR TECH: Jason Stockwell

1957 GIBSON LES PAUL JR.

このナンシーのお気に入りのエレクトリック・ギターは、彼女によれば"レディース・サイズ"で、"なかなか味わい深い性格だ"という。もともと学生を対象とした規格だったレス・ポール・ジュニアは、ギブソンのカタログの中でも手頃な価格のレス・ポール・スタンダードに代わるソリッド・ボディとして、プロの間で広く人気を博した。

GIBSON SG JR.

ナンシーが音量を上げて派手にプレイしたいときの選択肢のひとつがSGジュニアだ。ビグスビーのビブラート・テイルピースを装備している。

1989 TAKAMINE NP15C

ピート・タウンゼンドがタカミネを入手したことに触発されたナンシーは、よく知られる名曲で自前のタカミネを使用するようになった。初めてフィンガーピッキングを学んだ日からずいぶん遠くまで歩みを進めてきたナンシーだが、自分が選んだ楽器と対峙する彼女の熱意は見る者の心を打つ。

THE WILSON SISTERS OVERCAME GENDER BIAS IN THE MUSIC INDUSTRY.

ウィルソン姉妹は、音楽業界の性差による偏向を見事に克服した。

ハートのアルバム『ドッグ＆バタフライ』は私のお気に入りの一枚である。トライバルリズムに歪んだギターが絡む「クック・ウィズ・ファイア」から、夏の暑さにアコースティックの清涼感が心地よいタイトル・トラックまで、全ての収録曲が大好きだ。

過去40年の活動において最もリスナーの記憶に残るであろう名曲をいくつも（スー・エニスと共に）書き上げ、ハートという屈強なバンドをソングライティングで支え、創作面での核となるメンバーが自分たちであることを世に知らしめたウィルソン姉妹は、音楽業界の性差による偏向を見事に克服した。

妹と同じように、アンも才能溢れるマルチ・インストゥルメンタリストだ。時に彼女はギターを置いてボーカルに専念する。フルートで曲に彩りを加えることもある。しかし彼女のリズム・ギターのサポートには、妹のナンシーも敵わない。バンドを始めた当初、ウィルソン姉妹はレッド・ツェッペリン風のハード・ロックのフォーマットにアコースティック・ギターを組み込もうとしていた。しかし、独自の視点が備わっている人たちが他の人の模倣だけを目指しても、大抵は途中で間違いに気づくものだ。ウィルソン姉妹も結局、自分たちの目指す音に心血を注ぐこととなった。

ANN WILSON

アン・ウィルソン (ハート)

PHOTOGRAPHED: LVH (formerly the Vegas Hilton), Las Vegas
August 1, 2003
GUITAR TECH: Jason Stockwell

RAINSONG DR1000

こちらのノン・カッタウェイのドレッドノートのアコースティック／エレクトリックは、ボディもサウンドボード（トップ）もネックもグラファイト製だ。真珠層のインレイ入り。"美しい音がするわよ"とアンは使用感を語る。

BONNIE RAITT
ボニー・レイット

FENDER STRATOCASTER — "BROWNIE"

PHOTOGRAPHED: Mates Rehearsal Studios
and Production Company, Los Angeles
March 24, 2011

ボニーは1969年のある日の午前3時に、あの有名なストラトを＄120（約1万3千円）で購入した。以降、彼女はすべての仕事をそのギターでこなしてきた。ボディは1965年だが、ネックが何年製なのかは不明だ。以前は"びしょぬれだ"というラベルのついたコリシディン・ボトルをスライド・バーとして愛用していた彼女だが、最近ではジム・ダンロップが彼女のために作った特製のスライドを使用している。

ボニーは完全に男性優位だったブルース・ギターの世界で自分の地位を得るために必死に努力を重ねた。彼女はハウリン・ウルフやミシシッピ・フレッド・マクダウェルといったブルース・シンガーに弟子として仕え、何年も共にロードを回った。やがてソウルフルなシンガーとして、また詩的なスライド・プレイヤーとして真価を認められた彼女は、ロックの殿堂入りを果たした上、フェンダーからストラトキャスターのシグネチャー・モデルを発売した初の女性プレイヤーとなった。そのボニー・レイト・シグネチャー・ストラトの売却益により、200を超えるボーイズ・アンド・ガールズ・クラブ・オブ・アメリカ（青少年向けに放課後プログラムを提供する米国の非営利団体）に通う恵まれない子どもたちにギターが提供された。慈善活動に献身するヒューマニストとして、また進歩的なアクティビストとして、そしてもちろん最高峰の音楽家として、ボニーは私を含め多くの人々に愛されている。

"私はエレクトリック・ギターをある意味下品だし、ある意味高尚だと思ってる。だからこそ、私がプレイしながら歌うときに表現したい感情の幅をそのまま反映してくれる"

BONNIE RAITT

微笑むハッチ・ハッチンソン、愛猫、ナグチャンパの香り……フォトグラファーとして敬愛するミュージシャンの家を訪問したときに、これ以上素敵な迎えられ方があるだろうか？　究極のサイドマンであるハッチは、仕事のあらゆる不測の事態に備えるよう努めている。それはある意味で正しいツールを所有しておくことの必要性を意味する。だから彼は優れたギターの数々を所蔵している。ハッチのコレクションから選ばれた楽器たちは家じゅうにディスプレイされているが、実は各部屋のクローゼットにも何本かずつベースが格納してあるので、彼は部屋に出しておく楽器を頻繁に入れ替えてコンディションを見ているそうだ。

すでに30年以上ボニー・レイットのバンドの主力プレイヤーであるハッチは、現在最も引く手あまたのセッション・ベーシストのひとりでもある。これまでに彼がタイトなグルーヴで貢献してきたミュージシャンの中には、ウィリー・ネルソン、ブライアン・ウィルソン、アル・グリーン、B.B.キング、エルトン・ジョン、ハンク・ウィリアムスJr.、ジョー・コッカー、リンゴ・スター、ロイ・オービソン、ミック・フリートウッド、クイックシルヴァー・メッセンジャー・サーヴィスのジョン・チポリナ、ネヴィル・ブラザーズなど、数多くの伝説のミュージシャンが含まれている。

HUTCH HUTCHINSON

ハッチ・ハッチンソン

1961 FENDER JAZZ BASS

PHOTOGRAPHED: Los Angeles
March 23, 2011

ハッチは70年代前半にカリフォルニア州オークランドのレオズ・ミュージックという楽器店でこのベースを購入した。ちょうど彼がジョン・チポリナがクイックシルヴァー・メッセンジャー・サーヴィスを脱けて結成した、コッパーヘッドというバンドのライブに奔走していた頃だった。"誰もがやっていた"せいで、彼は早速ベースのピックガードを取り外すと、サンバーストのフィニッシュを削ぎ落とした。彼は長年支えることになるボスのボニー・レイトが愛用しているアンフィニッシュドのストラトと、自分の楽器を完璧にマッチングさせるという行為にほとんど疑いを持たなかったのだ。

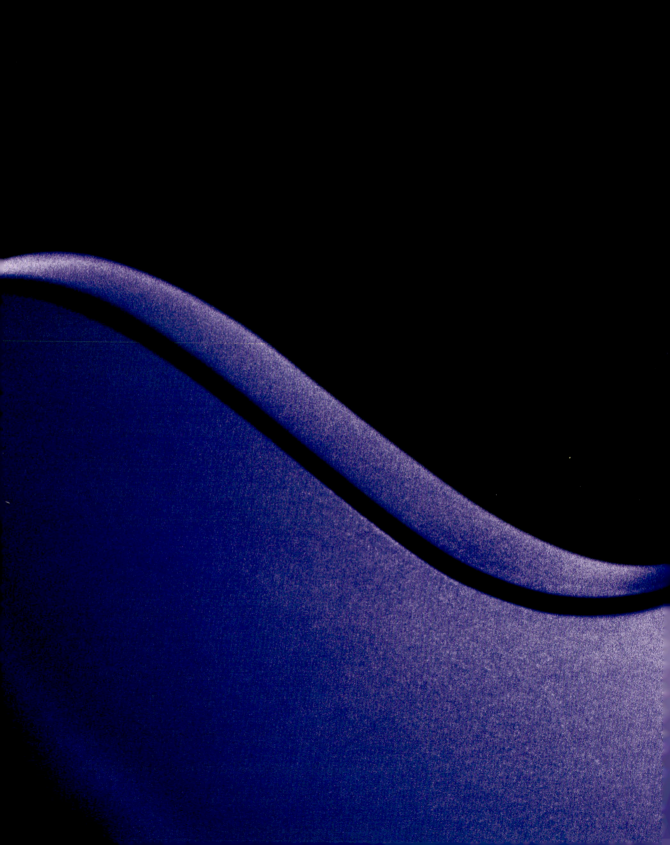

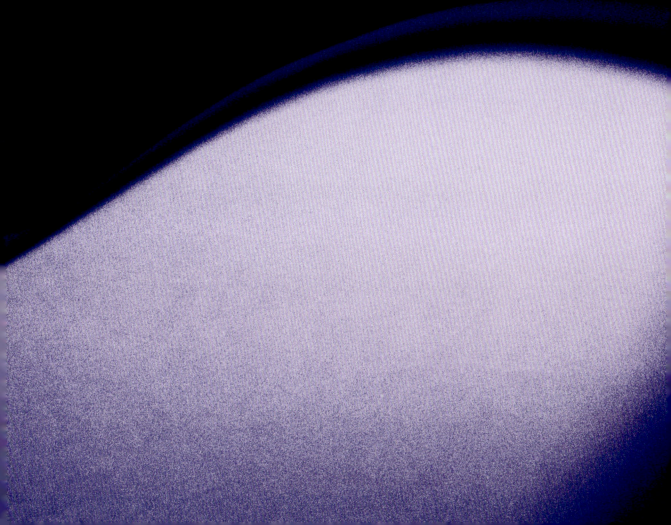

LOU REED
ルー・リード

BOLIN NS GUITAR

PHOTOGRAPHED: Lou's Studio, 1999

ネッド・スタインバーガーによって設計され、最高のルシアーであるジョン・ボーリンによって製作されたルーのセクシーなギターは、ロック・メイプル・ネックと、"弦にとてつもない負の揚力" を与えてトーンの明瞭さを際立たせると言われるオープン・ヘッドを特徴とする。大胆なカッタウェイのお陰で、ルーはフレットボードの最高部に簡単にアクセスできる。またトップの穏やかなカーブはギターにタイトで明確なサウンドを与える。ルーが言うように、彼のボーリンNSがあれば "何でもできるよ。テレの音からアコースティックから、ギブソンの音やヘヴィメタルまで。ジャンルに囚われないオリジナルのスタイルだろうが何だろうが、これはすべてをこなせるギターだ"。

ルーはコントロールノブの代わりに銀のスカルを取り付けることで、このエレガントな楽器をさりげなくカスタマイズしている。

JONNY LANG
ジョニー・ラング

2004 FENDER CUSTOM SHOP TELECASTER THINLINE

PHOTOGRAPHED: Canyon Club, Agoura Hills CA
October 29, 2011
GUITAR TECH: Erik Cartwright

ギターはフェンダーカスタムショップのマスター・ビルダーであるトッド・クラウスが、フェンダー・テレキャスター・シンラインを参考に作ったものだ。だが見た目の素晴らしさだけでは飽き足らなかったジョニーは、ビル・ローレンスのピックアップを載せたときに初めてこの楽器と恋に落ちた。それまでジョニーはナイフ投げの練習の的としてこのギターを使用していたため、裏面は傷だらけである。ネックとヘッドは一枚のメイプルから削り出されている。メイプルのトップはブックマッチ仕様だ。

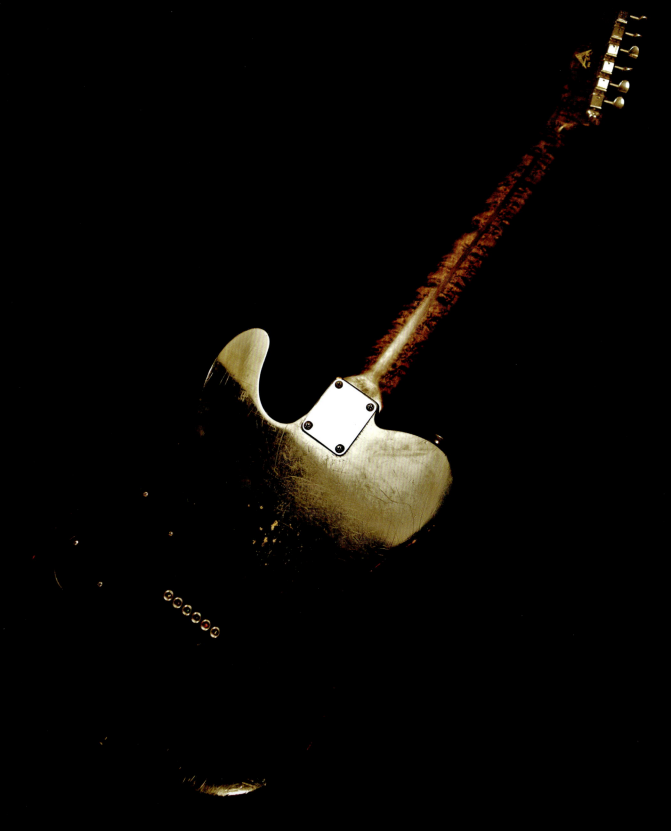

MIRACULOUSLY, HE SIGHTED ANOTHER 1968 GOLDTOP IN A STORE WINDOW AND PURCHASED IT FOR $350.

奇跡のように、彼は店のウインドウの中に
もう1本の1968年のゴールドトップを見つけ、$350で購入した。

元はゴールドトップだったこのギターを、トムは1973年に$300（約3万2千円）で購入した。そのときの彼にはこれがとてもレアな楽器だという認識はなかった。

ギブソンは1960年頃にレス・ポールの生産を一旦停止した。製造コストが高く、価格を抑えたフェンダー・ギターとの競争力がないと判断されたためだ。レス・ポールはコストに関係なく作る価値があるとギブソンが認識するまでには、そこから10年近くかかった。同社には1959年の残り物のパーツが半年分あったため、まずはそれを使って生産を再開した。従って、1968年製のレス・ポール・ゴールドトップの一部は、1959年製と同じ価値があるということだ。思いがけずその中の1本と出会ったトムは、これまで聴いたギターの音の中で最も優れていると思った。それから太いネックとの格闘を続けていたある日、奇跡のように、彼は店のウインドウの中にもう1本の1968年のゴールドトップを見つけ、$350（約3万8千円）で購入した。

トムは熱心なギター・コレクター・タイプではない。彼が所持する10本のギターにはそれぞれに特定の役割があり、録音とライブに使

い分けられている。彼はあの有名なレス・ポールの他に、ギルドD-25の6弦アコースティックを2本、ギルドD-40の12弦アコースティックを2本、ベースを2本、リッケンバッカーの12弦を1本、ジャクソンを1本所有している。彼はステージにおいてもスタジオにおいても仕事の99％には例の2本のレス・ポールを使うのだが、大抵はここに掲載した写真のギターのほうを先に手に取る。オリジナルのフィニッシュが剥がれ落ちてナチュラルな木の色になったあとで、ボストンのスタッフがこのギターに"ブロンディ"という名をつけた。ブロンディはトムのもう1本の68年製より、やや太めのトーンでハイ・エンドは少し低めだ。

以前所属していたレコード会社であるCBSと長期に渡って法廷闘争を繰り広げた結果、ボストン側が優位に立ち、トムには、暴政に踏みにじられ虐げられた人々を救おうとするアニメのスーパー・ヒーロー、マイティー・マウスのステッカーが贈られた。トムがブロンディにステッカーを貼ったときから、彼の肩書きは即座に"マイティー・マウス"に変わった。25年間もツアー生活をしているというのに、このギターは変わらず力強く美しく、横行する退屈なロックから世界中の耳を救っている。

TOM SCHOLZ

トム・ショルツ（ボストン）

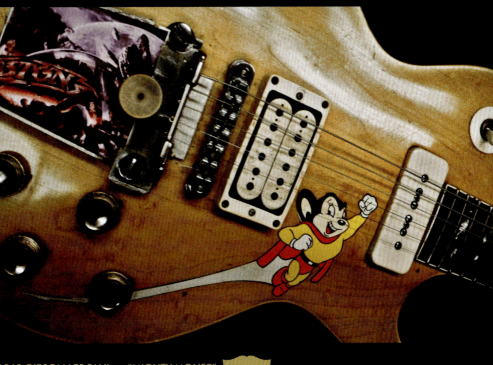

1968 GIBSON LES PAUL — "MIGHTY MOUSE"

PHOTOGRAPHED: Las Vegas
August 2, 2003
GUITAR TECH: Rick Pietila

"本気でやってるミュージシャンの中に、自分の楽器が生き物だと思っていない奴はいないんじゃないかな"

TOM SCHOLZ

AND IN THE BEGINNING, THERE WAS...

そして、すべてのきっかけをくれたのは……レス・ポールだった。

LES PAUL
レス・ポール

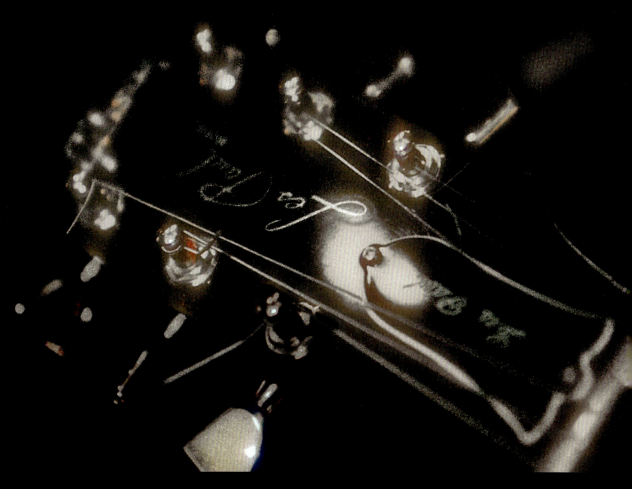

1980 GIBSON LES PAUL RECORDING GUITAR

PHOTOGRAPHED: Iridium Jazz Club, New York City 1997

108 ROCK STAR GUITARS
伝説のギターをたずねて

2019年7月25日　第1版1刷発行

定価（本体3,980円＋税）
ISBN 978-4-8456-3405-7

[発行所]　　　　　株式会社リットーミュージック
〒101-0051 東京都千代田区神田神保町一丁目105番地
https://www.rittor-music.co.jp/

[写真／著]　　　リサ・S・ジョンソン
[訳者]　　　　　石川千晶

[発行人]　　　　松本大輔
[編集人]　　　　永島聡一郎

[日本語版編集担当]　坂口和樹
[日本語版デザイン]　木村由紀　富谷智（MdN design）
[印刷・製本]　　図書印刷株式会社

【乱丁・落丁などのお問い合わせ】
TEL:03-6837-5017／ FAX:03-6837-5023
service@rittor-music.co.jp
受付時間／10:00-12:00、13:00-17:30（土日、祝祭日、年末年始の休業日を除く）

【書店様・販売会社様からのご注文受付】
リットーミュージック受注センター
TEL:048-424-2293／ FAX:048-424-2299

【本書の内容に関するお問い合わせ先】
info@rittor-music.co.jp
本書の内容に関するご質問は、E メールのみでお受けしております。お送りいただくメールの件名に「108 ROCK STAR GUITARS　伝説のギターをたずねて」と記載してお送りください。ご質問の内容によりましては、しばらく時間をいただくことがございます。なお、電話やFAX、郵便でのご質問、本書記載内容の範囲を超えるご質問につきましてはお答えできませんので、あらかじめご了承ください。

©2019 Rittor Music, Inc.
Printed in Japan
※落丁・乱丁本はお取替えいたします。
本書記事／写真／図版などの無断転載・複製は固くお断りします。

Copyright©2013 by Lisa S. Johnson

All rights reserved. No part of this book may be reproduced in any from, without written permission, except by a newspaper or magazine reviewer who wishes to quote brief passages in connection with a review. Published in 2014 by Hal Leonard Books Originally published in hardcover in 2013 by Glitterati Incorporated 108 Rock Star Guitars and the 108 Rock Star Guitars logo are registered trademarks of Guitarfile, LLC, in the United State and may not be used without written permission. All other trademarks are the property of their respective owners.

Originally published by Hal Leonard Books,
An Imprint of Rowman & Littlefield Publishing Group
4501 Forbes Blvd #200, Lanham, MD 20706

Book design by Nick Steinhardt / SMOG Design, Inc. Printed

The edition was arranged through the Robert Lecker Agency, Inc.
Through Japan UNI Agency, Inc.